［フランス発］

ジャン＝フランソワ・マルミオン 編著

金丸啓子 訳

Jean-François Marmion

# 美の研究

## 人は見た目で得をする

PSYCHOLOGIE DES BEAUX ET DES

PSYCHOLOGIE DES BEAUX ET DES MOCHES
edited by Jean-François Marmion



Published by special arrangement with Éditions Sciences Humaines in conjunction with their duly appointed agent 2 Seas Literary Agency and co-agent Tuttle-Mori Agency, Inc.

# 目次


**内面の美しさなんて、あり得ない！**
ジャン＝フランソワ・マルミオン 005

**顔よ、ああ美しき顔よ**
ジャン＝イブ・ボードワン、ギー・ティベルギアン 015

**美とステレオタイプと差別**
ペギー・シェクルーン、ジャン＝バティスト・レガル 029

**「規範と恋に落ちたりはしない！」**

ジャン＝クロード・コフマン 039

**きみの毛はステキだね**
クリスチャン・ブロンベルジェ 051

**ソーシャル・ネットワーク上の自己演出**——美醜を超えて
ベルトラン・ネバン 063

**外見至上主義の子どもたち**
グザビエ・ポムロー 079

美しき性、そして醜さ
クロディーヌ・サガート 087

道徳化された身体
イザベル・クバル、フロランス・モト 097

美しいもの以外を愛せるか？
リュボミール・ラミ 103

美と醜さと職業生活
ジャン=フランソワ・アマデュー 115

美しさと醜さ——差別禁止法にもとづくアプローチ
ジミー・シャリュオ 127

狂乱の時代——変容する身体
ジョルジュ・ヴィガレロ 139

「ファッションの世界では、美しさは時代遅れだ」
フレデリック・ゴダール 151

特異な身体に美しさを感じとる
ダニエル・モワズ 163

醜形恐怖症、あるいは容姿の欠陥に対する強迫観念
カリーヌ・マジダラニ 175

**身体装飾の美しさにおける両義性**
ダビッド・ル・ブルトン 187

**美容整形の光と影**
アガット・ギヨ 199

**ボディーアート**——芸術作品としての人体
フロリアーヌ・エレーロ 209

**タトゥー**——入れ墨の来歴
アガット・ギヨ 221

**動物美**
ジャン=バティスト・ド・パナフィユ 231

**自然の美と人工の美**
フレデリック・モネイロン 243

**芸術は人類の源である**
ジャン=ピエール・シャンジュー 255

**審美家としての脳の肖像**
ピエール・ルマルキ 267

**スタンダール症候群**——作品が心を貫くとき
ロミナ・リナルディ 273

現代美術に試される美的価値
ナタリー・エニック 281

執筆者一覧 291

原注 306

# Beauté intérieure, mon œil !

## 内面の美しさなんて、あり得ない！

「ある夜、俺は『美』を膝の上に座らせた。
──苦々しい奴だと思った。
──俺は思いっきり毒づいてやった」

アルチュール・ランボー『地獄の季節』
（『地獄の季節』小林秀雄訳、岩波書店〈1970〉から引用）

「俺のツラが何だよ?
俺のツラがどうしたってんだ?!」

ジョニー・アリディ「俺のツラ」

むかしむかし、あるところにマイケル・Jという現代の吟遊詩人がいた（彼の兄弟、ジャクソン・ブラザーズを怒らせないよう、苗字はふせておこう）。今なお有名なミュージックビデオで、ぼろぼろになった手足をバタつかせるゾンビたちと墓地の周辺ですばらしいダンスを披露し、史上最高のアルバム売り上げを達成した。ミシェル・ドリュケール（訳注／フランスの名物司会者）も、これほど見事なダンスを見たことがなかった。当時すでに繊細だったマイケルは、そんな称賛を受けて自分でもとまどっていたとささやかれている。カメラが回っていないとき、何より常軌を逸していたのは、彼が麦わら帽子姿のミスター・ポテトヘッドに変身して、顔にえくぼを彫ったり、ほほ骨を削って低くしたり、ちぢれた前髪をまっすぐに伸ばしたりしていたことだ。黒い肌の色は白くなっていったが、自分のルーツを恥じてなどいないと明言していたのだから、これは何かの手違いだったのだろう。いちばん不思議なのは、彼の大きい鼻がしだいに小さくなり、もはや顔のまん中にある突起には見えなくなっていたことだ。やがて見た目が魚の骨のようになった鼻は、ちょっとした風が吹いただけで取れてしまいそうだった。マイケル王は堂々と玉座についてはいたものの、鼻が取れやしないかとくしゃみをすることに恐怖を抱いていた。時の流れとともに、芸術的な顔は崩れ落ちていく。粉おしろいに隠された顔は落ちくぼみ、皺ができ、崩壊していった。ゾンビと踊るMVでは、本人もメイクでかなり醜い姿に変えられていたが、実生活では、外科用メスが彼の運命を変えた。こうした理由や他の理由もあって、マイケルは怪物であると思われながら死んでいった。

むかしむかし、また別のあるところにシラノ・ド・ベルジュラック（名前はサヴィニヤンというのだが、だれも本名に興味などないだろう）という雄々しい剣士がいた。晩年のマイケルとは逆に、彼には大家族の洗濯物を干せるほど立派な自前の鼻がついていた。英雄として登場する戯曲の中では、文学的素養を備えたシラノは美しいロクサーヌに夢中だった。だが残念ながら、ロクサーヌは知性のかけらもない美青年クリスチャンに恋心を抱いていた。負けっぷりも潔く、(晴天の日には)鼻先より遠くまで見通せたシラノは、不本意ながらも恋敵にロクサーヌの気を引くための知恵を授ける。ロクサーヌはそのまやかしに気づき、人は見かけによらないことを悟ったが、あとの祭りだった。抜け目のないマイケルと、剣の達人シラノ、どちらが不幸だったのだろう? 美しさを追い求めて醜くなった男か、愛されるには醜すぎると自己認識していた男か? 彼らは本当にみずからの才能に慰められていたのだろうか?

## 最後に醜い者こそが美しい(「最後に笑う者が良く笑う」より)

慰め、これが内面の美しさの決め手となる。結局のところ、平凡な容姿がどれほど優れて美しいことか! ああ、哀れな美形どもよ! 私たちは、外見の美しさは何も隠すことができないありきたりの仮面でしかないと考えたがる。うるわしすぎる男性は空疎でしかないし、美しすぎる女性はふしだらでしかない。おまけに間抜けだ。美しくあれ、そして口を閉じろ、後生だから。歌手のジャック・ブレルもこう懇願している。「一時間、たったの一時間だけ、美しくあれ! 美しくあれ! 美しく、そして馬鹿であれ!」

どんなときも慰めとなるのは、心の知性が愚か者を救い、精神的な豊かさが物質的貧しさを打ち消すのだと思えば、最上位の者が最下位に落ちるという点だ。ナルシストのスイセンの花（訳注／仏名ナルシス）も、明日にはしおれてしまうだろう。若く美しい神、アポロンもいずれ太鼓腹になるだろう。その一方、どうしようもなく不細工な者たちは、まったく疲れを見せることもなく、知恵という枝の上で内面の豊かさをよりいっそう高める努力を続ける。「私はかつて今のあなただったが、あなたもいずれ今のわたしになるのだ」と、劇作家のコルネイユは老いてこう語った。そして、ドイツの物理学者リヒテンベルクはさらに言いつのる。「醜さは、長続きするという意味では美しさより優れている」。時の流れは、醜い人々が受けてきたあらゆる不公平な仕打ちのかたきを討ってくれる。それはまた、醜悪さの権化として描かれるソクラテスが、リアリティ番組に出てくる頭の悪い劣化した元美女と上っ面だけのハンサム男に対して、象徴的な勝利をおさめたことを意味する。

**醜さは、長続きするという意味では美しさより優れている**

——リヒテンベルク

美しいのはたしかにすばらしいことだが、それは天からの恵みなのだ！　自然の摂理で美しさが台なしになろうがなるまいが、そうしたダメージをできるだけ軽くするための努力をするかどうかは、その人しだいだ。たとえば、たるみが疑われる下腹、怠けた上腕二頭筋、あからさまに赤くなった鼻、白髪まじりのまとまらない髪、ラインの崩れた太もも、垂れた尻、毛むくじゃらの上半身などによって、私たちはさらし者になる。つまり実際の皮肉や他人の妄想の対象、とりわけ私たち自身の憎悪の対象となるのだ。また、計算された無頓着さ、古着やとんでもない服、パンクシックなダメージジーンズ、締めつけすぎずかっちりしたスーツ、バストアップして見えるひだ飾りつきのドレス、かびくさいアウトドアハット、生成り色のべっ甲メガネなど、センス満載のアイテムは、まやかしの迷宮のなかで、社会の万華鏡に映し出される状況や形に合わせ、ルックスをクールに、プロ風に、自信たっぷりに仕上げるにはどれも欠かせないものだ。刺青《いれずみ》は装飾、あごひげは宣言、ビーチサンダルは侮蔑《ぶべつ》のしぐさに等しい。

## 美しさ――見せかけのパレード

これらは現実世界の話だ。しかしもうひとつ、仮想世界という別世界がある。そこではベニスに限らず、レストラン、街角、バスの中、浴室内などあらゆる場所で、ゴンドラの舳先《へさき》から自己宣伝する。

ここで夕日を見ながら静かにカクテルを味わっている私を見てください。すごくカッコよく見えるとはいえ、本当に謙虚で普通の人間なのです。ラザニアの皿を前に親指を立てている私の姿を見ましたか？　ほんの少しローアングルで写した私のふくれっ面に注目してください。沈みがちでちょっぴり反抗的だけれど、結局は繊細で、優しい心の持ち主です。自撮り写真の一大セルフサービスバーで、今日はどんな料理をつつきましょうか？　どんな姿を見せて称賛を受けましょう？　あなたたちをどんなふうに捕まえて、そしてどうやってあなたたちの目から逃れましょうか？　どうやって誠実に嘘をつきましょう？　どんなフィルターやアプリを使って、どう修正をかけたらいいでしょう？　鏡よ、鏡、リツイートにはね返されてランダムに光り輝くインターネットの鏡さん、私はフォローされる価値があるし、私のポートレートは、存在感はあるけれどつかみどころがなくて、壊れやすくて繊細で、外見は刺激的だけれど内面は穏やかな人物として見られるにふさわしいと言ってくださいな。私は偽物にしては美しすぎませんか？

他人の反応という「宗教」にこれほどまでのめり込んだ文明など、かつてなかっただろう。見せ物社会からワンマン（ワンウーマン）ショー社会へと変化したのだ。それぞれが最高の盛装に身を包み、同じように着飾ってひとりごとを言う人たちの前でひとり語りをする。だれもがステージ上でポーズを取ってみせるが、観衆はもう姿を消していて、実際にいるのはコメディアンたちだけだとは気づいていない。この遊びに加わる醜い者たちもいるが、あくまで少数派だ。彼らは自分自身を見つめることさえしないに等しい。奇跡の宮殿に天才はいない。

内面の美しさは他にどんなことを表せるだろうか。ああ、それは芸術的嗜好、政治的イデオロギーの主張、大言壮語、ちょっとしたジョークなどだ……。しかし、画面から離れ、アバターを脱ぎ捨てて、ホルモン、欲望という深い謎、肉体の誇示、光り輝く恥から成り立つ実際の日常生活に戻ると、すべて最初からやり直しだ。内面の美しさはひと目見ただけではわからないものになり、大半の人は探そうともしない。夢は破れてしまった。もはや私たちは、ピクセルという名の化粧品で応急処置をほどこしたデジタルな存在ではなく、ときに誘惑的で、往々にして期待を裏切り、つねに傷つきやすい実体をもつ存在にすぎない。美しくてもそうでなくても、それぞれが自分自身だ。哀れな自分自身なのだ。

## 醜さ……とは、だれの目から見てなのか?

見せかけだけの外見の美しさ、そして見た目にはわからないが、魂を飾る真の美しさに関することうした考察は心を打つすばらしいものだが、明らかに偽善でしかない。どれほど調査を重ね、研究を重ねても、数字は善意も道徳も気にかけたりしない。二一世紀の現在でさえ、美しい人に対しては、扉もベッドも、さらには仕事の道もメディアでの幸運も、醜い人より簡単に開かれる。若く生き生きとした顔は、今なお本能的に知性、能力、ユーモアと関連づけられる。そういう顔の人たちと交際したいという欲望、彼らの華やかさにふさわしい人物だと彼らから認められているという思い上がり、そして彼らを常に視界に置いておける喜びが、私たちを外見のすばらしさについて熱心に言葉をつむぐ小説家や詩人にする。

それなら、実生活では内面の美しさはまったく重視されないのだろうか? いや、それも重視される。ただし、すぐにではない。外見の美しさや醜さは明らかに、私たちの最初の判断や第一印象を条件づけるものである。しかし、鳥のさえずりがその羽にそぐわないとき、美しい人がその口を開くべきではなかったとき、裏切られた思いをするのはだれにも避けられないことだ。さらに、救いようのない外見がまったくの別世界、たとえば太陽に照らされる地平線や選り抜きの景色の思いがけない魅力を隠していたときには、だれにでも奇跡のようなサプライズが訪れる。それは会話や感情、注目がもたらす二度目の出会いだ。二度目のチャンス、本当のチャンスなのだ。このときにはどんなことも起こり得る。ぱっとしないみすぼらしい置物をこすると、そこから置物の精が現れるかもしれない。カエルにキスすると王子様に変身するかもしれない。千倍に誇張されたカエルの内面の美しさによって、私たちのためだけに姿を変えてくれる。愛されているという自覚が、王子に自信と落ち着きと見かけ倒しではないオーラを与えるのだろう。「**俺が醜男《ぶおとこ》だと言われたら／ひっそり笑おう／お前を起こさないように**」。フランスの歌手で作曲家のセルジュ・ゲーンズブールは『醜男の美学』という曲でこう歌い、私たちを元気づけてくれた。オスカー・ワイルドが言うとおり、美しさというものは、それを眺める人の目の中に存在する。愛されている人は、だれも醜くない。異論のある者もいるかもしれないが、とにかくそうなのだ！

だから私たちは、少々視野が狭いかもしれないが、包み隠さず率直に、少なくとも世界中にただひとりの人物として自分をうまく表現し、自分なりの美しさを示したいと願うのだろう。さらに言うなら、ロートレアモンが『マルドロールの歌』という詩で表現したとおりだ。「肉食鳥の爪の緊縮性のように美しい。いやそれよりも、くびのうしろのやわらかい部分の傷のなかの筋肉の、おぼろな動きのように美しい。いやむしろ、捕らえられた動物自身によって、つねにふたたび仕掛けられる、齧歯類《げっしるい》だけをかぎりなくつかまえる、麦藁《むぎわら》のしたにかくしておいてもしっかり機能する、不滅のネズミとり器のように美しい。そしてなによりも、ミシンとコウモリ傘《がさ》との、解剖台のうえで

の偶然の出会いのように、彼は美しい！」（『マルドロールの歌』前川嘉男訳、集英社文庫〈1991〉から引用）

ジャン＝フランソワ・マルミオン
（ハンサムな若者）

# VISAGE, Ô BEAU VISAGE

## 顔よ、ああ美しき顔よ

ジャン=イブ・ボードワン

リヨン第二大学
発達心理学教授

ギー・ティベルギアン

グルノーブル第二大学名誉教授
フランス大学研究院会員

顔を魅力的にするものとは、いったいなんだろうか？　人それぞれ、顔の美しさと魅力の評価は明らかに異なっている。十人十色と考えるなら、茶色の瞳より青い瞳がいいというように、だれもが個人的経験から顔の特徴の好みをあれこれ挙げるだろう。さらに、身体的な美しさの好みは歴史とともに変化しており、文化によってもかなり異なる（アフリカの「キリン女（訳注／首に金属の輪を重ねてつける女性）」は相対的な好みの典型例だ）。だが、冒頭の問いを特に心理学にもとづいて研究すると、この仮説は非常に限られた範囲でしか立証できない。

実験データに照らしてみると、個人間や文化間の差異はごくわずかにすぎず、社会的背景、文化、性別、年齢の枠を超えて広範囲にわたる見解の一致が見られる。ここでまず、こうした見解の一致は、基本的には顔の「絶対的」魅力（この顔に魅力を感じるかどうか）よりも「相対的」魅力（ある顔が別の顔と比べて魅力的かどうか）を対象としていることを確認しておきたい。言い換えれば、顔写真を魅力的なものからそうでないものへと順番に並べてもらうと、選ぶ側の性別や年齢、文化的背景、さらには選ばれる顔の性別、年齢、人種などにかかわらず、その結果は似たような並べ方になる。[1]

つまり、顔の魅力を決めるとき、私たちは共通の基準を用いてきたようだ。だが、それはいったいどんな基準なのだろう？　現在ではある程度明らかになっている。まず、顔の特徴のなかには、サイズと形の違いによって魅力を高めたり損ねたりするものがある。そういった特徴はたくさんあるが、いくつかの大きなカテゴリーに分類できる。ネオテニー（幼形成熟）、成熟、老化、表情、手入れなどだ。[2]　このうち最初の三つのカテゴリーは、年齢と結びついた身体的特徴の変化に左右される。

## 魅力の要因

ネオテニー的特徴とは、大きい目や小さい鼻など、通常は赤ん坊や幼児に特有のものだ。成熟の特徴は、思春期に見られる形態的変化に合致している。成長すると、ホルモンの変化につれて特に頬脂肪体が減少することから、ほほ骨はさらに高くなり、あごの骨はより突き出していく。顔の毛も増えていき、眉のあたりでは特に目立つ。やがて、身体的な衰えが皺や肌の質感の変化といった老化の特徴をもたらす。

年代に関連する特徴とは別に、魅力は表情と手入れの状態という特徴にも左右される。表情とは、通常は顔の表現に関する特徴である。口や眉がこれに当たり、眉はある種の感情表現と同じく、自然に（または人工的に）目の上の高い位置でカーブを描いている。手入れとは、その人が顔のケアをしていることを表す特徴、あるいはある種の社会的地位を示す特徴（女性だけでなく、今ではだんだんと多くの男性も行っている化粧、脱毛、その他のあらゆるケア）である。

当然ながら老化の特徴を除けば、どの特徴も顔の魅力を高めている。男性から見ても女性から見ても、目が大きく、鼻が小さく、ほほ骨が高く、あごがとがっている顔は、それが男性でも女性でも同じように魅力的だ。化粧と、社会的地位の高さを連想させる服装は、顔の魅力をさらに高める。だが、魅力的とみなされる男性の顔と女性の顔には、いくぶん違いがある。こうした違いは、基本的には成熟、特に思春期に性別によって異なる現れ方をする特徴、つまり第二次性徴によるものだ。女性の顔と男性の顔を区別するために用いられるのもこの特徴である。平均的な女性は眉が細く目の上の高い位置にあり、あごは控え目だ。したがって、女性の顔はこうした特徴があるほど魅力が高まり、男性の顔は眉が太くてあごが張っているほど魅力的なのだ。

## 非対称性の役割について

これまで挙げた特徴に加えて、さらにふたつの特徴が魅力度を判断するうえで重要な役割を果たしている。顔の対称性という特徴と、その「平均的」顔立ち（母集団の平均的特徴に近い特徴を示していること）である。顔の対称性への関心は、動物の生殖行動に興味を抱いた生物学者の研究から生まれた。[3] 大多数の動物種（たとえばシリアゲムシ、キンカチョウ、ツバメなど）において、より対称性の高い個体は、生殖競争で優位にある。この現象は自然淘汰によって説明がつく。外的環境条件（気温、汚染など）にさらされた場合や遺伝子異常がある場合には、しばしば形態的に非対称となる。ヒトに関しては、特定の場合（遺伝子異常、妊娠期間の短縮など）に著しい非対称性が現れるため、生物学者は非対称の顔が魅力に乏しく見えると予想した。この仮説は実際に立証されてはいるが、顕著な非対称性だけが乏しい魅力の要因であるとする研究もある。ちなみに、完全に対称的な顔はほとんど存在しない。したがって、ある程度の非対称性は当たり前なのである。たとえば、どんな人でも、顔の一部が特に表情豊かだ。そのため、笑顔は自然と非対称になる（左右対

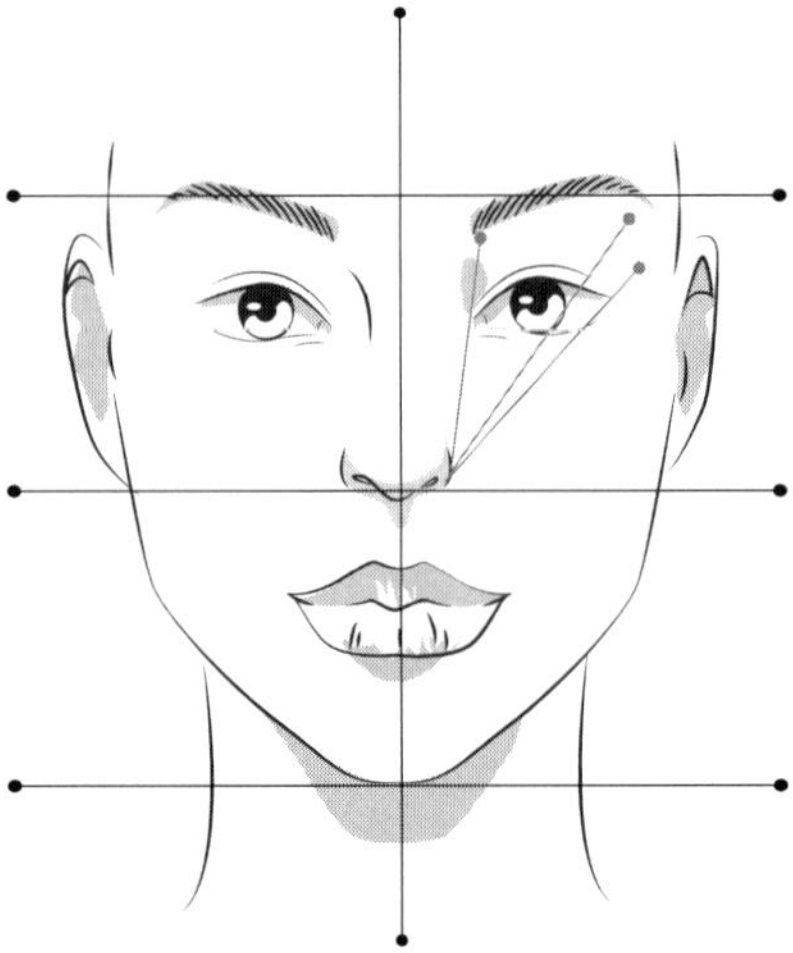

称の笑顔は、一般的に幸せな人に見られる自然発生的な反応ではなく、筋肉を意志でコントロールしていることを感じさせるため、誠意がないとみなされる）。

したがって、顔立ちに応じて、非対称性のマイナス効果にも若干の違いがあると考えるべきだろう。たとえば、顔の特徴はすばやい変化（数秒またはそれ以下）、ゆっくりした変化（数年）、安定した状態に応じて区別できる。すばやい変化の特徴は、顔の表情につれて変わっていくという力学的側面をもつ。その際、顔立ちの非対称性は魅力の乏しさを示すのではなく、むしろ魅力を与えている（ほほえんだ顔は表情のない顔より魅力的と判断される場合が多い）。一方、安定した状態、またはゆっくり変化していく場合の非対称性は、おそらく顔の魅力を損なうだろう。たとえば、老化につれて頬は非対称にくぼんでいく。一方、遺伝子異常によって頭蓋骨の構造変化が非常に多く発生する。頭蓋骨は生涯を通じて安定しているものだが、この構造変化によって結果的に顕著な非対称性が表れることがある。

最後に挙げる顔の魅力の重要な性質は、プロトタイプとしての「平均的」特徴である。ある程度の数の顔を混合してひとつの顔をつくると、その顔は、偶然にもこのプロトタイプをつくるのに用いられたほとんどの顔より魅力的になる。ジュディス・H・ラングロワとロリ・A・ロッグマン[4]は、現代のＩＴを応用してこの結果の再現を試みた。混合する女性（または男性）の顔を増やせば増やすほど、できあがった顔の魅力は高まる。こうして合成された顔からは欠点がどんどん減っていくからだ。ただし、「平均的」な顔の最大の魅力には矛盾があるようだ。美女として名高い女性たちは、他人の顔の集大成に共通する顔の特徴を必ずしも備えているわけではないからだ。さらには、すでに強調してきたとおり、平均とはほど遠い顔立ちに最大の魅力が感じられることもある。この明らかな矛盾は、平均的な顔は実際に魅力的だが、最も魅力ある顔は平均的な顔ではないことを示した研究者[5]によって、解決を見た。この研究で、魅力的な顔から作成されたプロトタイプには、「手当たりしだいに」集められた顔からつくられたプロトタイプと比べて、たとえ集められた顔の数が少なかったとしても、大きな魅力があることがわかったのだ。

## 「美しきは良きもの」というステレオタイプ

先に述べたとおり、顔の魅力に影響を与える可能性のある特徴は多い。そのなかで最も重要な特徴はなんだろうか。この点についてはほとんど問題にされてこなかった。筆者は、女性の顔につ

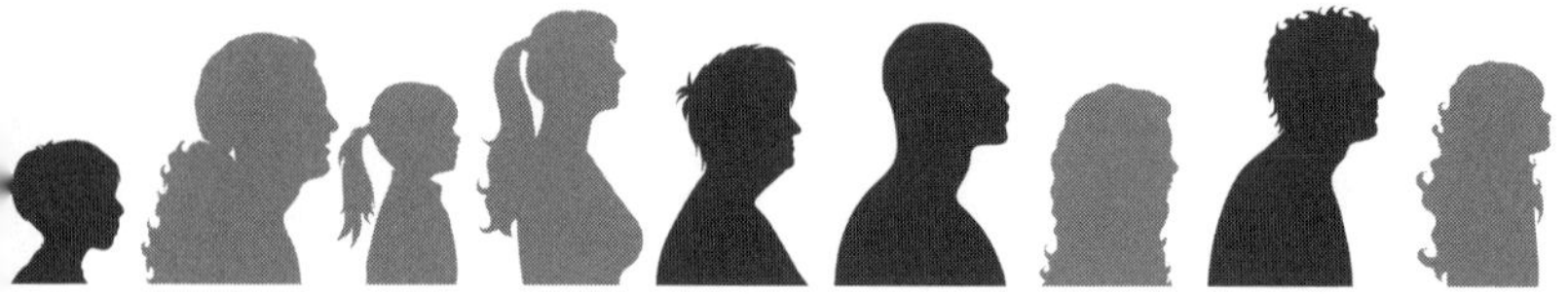

いて、文学作品が伝える主な特徴や魅力を判断するのに用いられる平均的な顔の対称性や類似性がどれぐらい重要であるかに関心を抱いてきた。[6]まず、顔の「パラメーター化」、つまり顔のパーツ（鼻、眉、目、口など）の位置と輪郭を測定し、特定した。こうしたパラメーターを用いて、それぞれの位置の対称性と「平均との近似度」が判定され、さまざまなパーツのサイズが算出された。最も重要な要素は平均との近似度であり、魅力度を判断する多様な要素のうち、これだけで二五パーセントを占める。顔の特徴が平均的特徴に近ければ近いほど、魅力的と判断されるのだ。魅力度の判断におけるその他の特徴の割合は、個別に見てもせいぜい一五パーセントに満たない。顔の魅力を最も予測できる特徴の組み合わせを明らかにするため、さらに徹底的な分析が行われた。最も魅力的な顔を構成する最良の組み合わせは、平均との近似度と、平均より細い眉、高い頬骨、厚い唇、小さい鼻、大きい目というパーツが結びついた場合である。

　こうしたことから、現代では何が顔の魅力を決定づけるのかが解明されていることがわかる。ここでひとつの問いが生じる。顔の魅力は日常生活にどのような影響をおよぼすのだろうか？　社会心理学者たちは、魅力的な人物にプラスの資質を与えるステレオタイプを明らかにした。[7]このステレオタイプには「美しきは良きもの」という呼称がつけられたが、それ自体がこの現象をよく言い表している。性格は顔に表れるという前提で人相学者が唱える理論とも一致しているようだ。

かつて古代ギリシャの哲学者も用いていたこの前提条件は、歳月を超えて現代社会にも見受けられ、私たちはだれもがアマチュアの人相学者よろしく、顔の特徴の分析を通じて他人を理解しようとするほどだ。この理論によれば、顔の美しさと「魂」の美しさには関連がある。「美しきは良きもの」というステレオタイプは、社会的側面（社交的、外向的など）から能力（知能、職業資格など）、さらには心身の健康、権力、支配力、性的活力にいたるまで、多種多様な側面に表れる。これまで行われてきた研究の大半が、相手のことを知らず、外見に表れる情報以外に相手の情報をほとんどもたず、その判断が社会的に影響をおよぼさない場合に、私たちが第一印象を形成する際のステレオタイプを明らかにしている。日常生活のさまざまな場面でも、このステレオタイプの影響が見られる。たとえば、魅力に乏しい精神病患者は、より厳しい診断を受け、入院期間も長くなる。魅力的な患者は、より長く院外で生活することを許可される。[8] 法律面では、原告の魅力の程度によっては被告が勝訴する見込みが変わる。[9]

## 子孫が「生き残れる」ように？

しかし、どんなものにも裏がある。状況によっては、魅力ある顔が優遇されることはなく、むしろ不利になるときもある。誠実さ、無私無欲、（少なくとも女性にとって）重役のポストへの適性などは、顔の美しさと一致するものではないだろう。さらに、魅力的な顔がすべての点で好ましいともいえない。ネオテニー的な魅力がある場合、より好感のもてる誠実な人物であるとみなされても、能力が高いとは判断されない。成熟した魅力がある場合、能力がより高いと判断されても、より誠実な人物とはみなされない。

　魅力と同じく、「美しきは良きもの」というステレオタイプもすべての文化に共通する。これは私たちの文化とは異なる文化においても観察され、ある程度の文化的特殊性（たとえばアジアの文化では、西洋文化とは逆に権力よりも誠実さや利他主義を魅力と結びつける傾向がある）が見られるにせよ、判断対象となるという点も世界共通である。

**評価の対象となる顔の民族的特徴がどうであれ、民族ごとにまったく同じ格付けがされる**

　なぜ、顔が魅力的なのだろうか？　特に、評価の対象となる顔の民族的特徴がどうであれ、民族ごとにまったく同じ格付けがされることを考えると、この問いは避けて通れない[10]。ここでつい、文化から見たあらゆる説明を横に置いて、好みには生物学的理由があるのではないかと結論づけたくなる。顔の魅力が性的魅力の要素のひとつであることは認めておくべきだろう。どんな性交渉においても、多かれ少なかれ暗黙の目的は、パートナーの選択を最適化する自然淘汰の過程にもとづく種の繁殖である。その結果、社会生物学の理論は、魅力的とされる顔の特徴が、性的パートナーとなりうる相手のもつプラスの資質を示す指標に用いられることを前提としている。「平均的」な顔に、遺伝子や環境に由来する生物学的混乱を経てきたことを思わせる特別な欠点がまったくないのはそういうわけだ。顔の最大の非対称性はある種の病気と関連づけられるため、対称的な顔の最大の魅力についても同じように説明できる。同様に、ネオテニー的特徴、成熟的特徴、老化的特徴のバランスがいいと、その人が繁殖に最適な年齢、つまり若年だが思春期後の時期にあるかどうか判断しやすくなる。また顔の特徴によって、社会的適応の成功、およびある種の社会的地位が示される。その結果、子孫が「生き残れる」最適な条件を予測することが可能になるのである。

## 一般化しすぎるという現象

しかし、この社会生物学的指標の信頼性は非常に疑わしい。[11] 対称性の例を見てみると、ある種の病気は実際に非対称的な顔の特徴として現れるとしても、逆にあらゆる非対称的な顔が病気に起因するかどうかは証明されていない。さらに、こうした「病的な」非対称性は、通常はたいへん目立つものだ。ところが、対称性の効果の研究に用いられた顔がどれぐらい基準からずれているかを見てみると、その幅は病的な非対称性をはるかに下回っている。

したがって対称性の与える影響は、その他の魅力の「指標」と同様に、とりわけ繁殖能力の判定に直接結びつくのではなく、むしろ一般化しすぎる現象を引き起こしている。特殊な状態（たとえば遺伝病など）における心理的、社会的、生物学的特徴は、そうした遺伝病の生物学的状態をほんの少しでも想起させる特性をもつすべての人に対して、過剰に一般化されてしまう。客観的にはささいな短所に見えても、過剰に解釈されてしまうのだ。ここでは、「美しきは良きもの」というステレオタイプの基本的な前提についても同じことがいえる。第一印象が形成される際には、私たちは相手の顔の外見から心理・社会・生物学的特徴を推定している。この点から、特定の生物学的状態を一般化しすぎるという現象を説明できる。たとえば、子どものように大きい目の人には、その外見に付随すると思われる性格の特徴、および社会的能力と身体的能力があてはめられてしまう。その人はおおらかで社交的で開放的だが、無遠慮で無能、繊細で気が弱いとみなされるのである。逆に、たとえば眉が太いなど、より成熟した特徴を示す人は、当然ながら成熟しており、知的能力がある程度高く、責任感がより強く、心身ともによりたくましい人物と判断される。だが、おおらかで開放的などの子どもらしい面があったとしても、そこには目が向けられないのだ。

一般化しすぎる過程を通して、ある人物の魅力度の判断だけでなく、その他すべての判断を導く推論の規則を定めることができる。この現象においては、主にふたつの生物学的状態が基礎となる。個人の正常な生物学的進化に結びついた状態と、生物学的機能不全に結びついた状態だ。第一の状態は、人間の生涯の各時期に対応している。思春期前、思春期後（男女の区別における重要な時期）、そして老化期だ。それぞれの時期、とりわけ思春期後の時期は、性別によってさらにふたつの下位タイプに分かれる。第二の状態は、遺伝的原因であれ環境的原因であれ、個人の病理学的過程に由来するすべての状態が含まれる。またこれらの状態のひとつひとつは、各自の心理・社会・生物学的特徴に関連している。そうして判断される特徴は、（たとえば、実際に子どもは大人より弱いといった）事実である場合もあり得るが、対象となる生物学的状態に関連する社会的ステレオタイプにもとづいて推測される場合が多い。もっとも、ステレオタイプを使用することは、推論の妥当性にとって大きなブレーキとなる。ステレオタイプは文化的差異の説明にも用いられており、たとえば女性のほほえみを、歓迎の意を示す寛大さの表れと解釈するか、あるいは逆に、その女性が身を置く社会で適用されている礼儀作法への違反と解釈するかによって、受け取り方は変わってくる。

こうした考え方によって、もともと特定のタイプの顔を好むようにできているという前提を用いずに、これまで述べてきた現象に明らかな普遍性があることを説明できるだろう。民族的ルーツによって外見に差があるとしても、さまざまな生物学的状態を特徴づける肉体的な外観は共通している。どの民族集団でも子どもは目が大きく、老人には皺があり、思春期のホルモン変化と外見の変化は共通している。また、子ども、大人、老人の心理・社会・生物学的能力も世界のどこでも同じである。したがって、一般化しすぎる現象についても当然ながら同じ結論に達する。だが、この現象によって、ステレオタイプの信頼性や、さまざまな生物学的状態に結びついた役割や期待の信頼性は大半が失われてしまう。子どものような形の目をもちつづけている人が、無垢な心を抱いているわけではないのだ。

# *Beauté, stéréotypes et dicriminations*

# 美とステレオタイプと差別

ペギー・シェクルーン
パリ・ナンテール大学教授

ジャン＝バティスト・レガル
パリ・ナンテール大学准教授
アビリタシオン（訳注／学位授与権認証）取得

私たちはいったい何を根拠に、ある顔や身体が美しいと断言できるのだろうか。それは社会環境における顔や身体の平均に合致している場合だという研究者[1]もいる。逆に、平均的な顔や身体とは区別される[2]、つまり「普通」とは違う場合だという研究者もいる。いずれにせよ、この研究で質問に答えた人たちのほぼ全員が、特定の顔を最も美しい顔としてつねに選ぶという点で一致している。この見解の一致は、社会規範という概念、つまりある社会集団のなかで好ましい、または好ましくないとみなされる規則や価値や行動全体に呼応する。通常、美の基準といわれているものだ。

何が美しいかという定義に集団内の大半の人が同意するとしても、その定義は他の集団や別の時代で適用されるものと必ずしも一致しない。たとえば、極端にスリムな体型と結びついた女性の美の規範は、現代の西洋諸国ではたいへん高く評価されているが、一八世紀や一九五〇年代にはそうではなく、文化が違えば規範も変わる。また、非常に色白の顔は極東諸国では美しさにとって不可欠な基準だが、別の文化では色の白さは病気やひ弱さの指標とみなされ、否定的な基準となる。

規範とは比較の基準である。したがって、何が「美しい」か、そして何が「美しくない」かを知ること、美しさを定義する規範に合致するかしないかということが、特定のカテゴリーや別のカテゴリーにおける分類につながる。他の多くの分野と同様に、顔と身体の美しさという分野でも、基準からの逸脱はマイナスなものとみなされる。たとえば傷痕、身体障害、奇形、さらには肥満なども、独自の信念（ステレオタイプ）、一般的に否定的感情の想起（偏見）、ともすれば白い目で見られる人に向けた否定的な態度（差別）と結びつく。

外見とは、往々にして私たちが他人に関して入手する最初の情報であることに注目したい。その判断をもとにして、ほんの一瞬で、相手の性格の特徴を勝手に推測する。このとき私たちは、自らの信念、とりわけステレオタイプを用いている。好意的な期待、または否定的な予想が、その後の判断と態度を決定づけるのだ。

## どのように判断されるか——ステレオタイプと外見

私たちは一般的に、美しいものをプラスの要素と結びつけ、より好意的な期待を抱く。たとえば陳列台の前では、色があせてへこみのあるリンゴより、まばゆい赤さできれいな対称形のリンゴのほうがより魅力的に感じられるだろう。私たちはそのリンゴにプラスの特徴（きれい、身がしまっているなど）があると考え、味の面でもより高い期待（よりおいしい）を抱く。ものに関してあてはまることは、人についてもあてはまる。「美しきは良きもの」[3]なのだ。このステレオタイプは、容姿の特徴（青い目、スリムな体つきなど）、性格の特徴（好感がもてるなど）、ふるまい（優雅な身のこなしなど）から「美しい」と判断された人に結びつけられる。

多数の研究から、美しい人に対してはおおむね好意的な評価がされることが判明した。たとえば、より好感度が高く、社交的で、信頼の置ける人物であり、善意を備え、多くの友人に囲まれて幸せな生活を送り、自信に満ちあふれているとみなされるのだ。逆に、醜さのステレオタイプは、概して「美しい＝良い」というステレオタイプの否定版とされる。つまり「醜い＝悪い」[4]というわけだ。したがって、醜いと判断された人は、より否定的な特徴、あるいは望ましくない特徴（より社交的でない、利他主義でない、知的でないなど）と関連づけられ、さほど好意的ではない感情や態度を引き起こす。ある研究では[5]、子どもは「美しい」子どもに対して、人当たりがよく、人気があり、馬鹿げたことはあまりしないという判断を下す一方、「醜い」子どもをマイナスの特徴や悪い行動（暴力、いじわるなど）と結びつける。

「美しい＝良い」というステレオタイプは、非常に早い時期に形成される（それは生まれつきの好みの問題だと主張する研究者もいる）。状況によって、また社会性を与える人物である親、仲間、さらには教師によって確立されていき、このステレオタイプは根を下ろす。メディアの果たす役割も無視できない。たとえば、広告には当たり前のように、物理的にも社会的にも好感のもてる環境（美しい家や自動車、完璧で幸せそうな家族や友人たちなど）において魅力的な人物が登場する。それとは逆に、映画やドラマ、アニメに出てくる悪者はたいてい醜く、あるいは太っており、心理的にも行動的にもマイナスの特徴（ずる賢い、暴力的など）と結びつけられている。

「美しい＝良い」というステレオタイプの存在とその結果は、多くの社会的状況やさまざまな文化において、日常生活の多様な分野で大人にも子どもにも見受けられるものだ。たとえば、魅力的な容姿の人は、恋愛対象に望まれやすく、より協力的で信頼がおけると判断される。また、罪を犯したと疑われることも少なく、実際に犯した場合でも魅力の低い人より寛大な判決が下される。[6] 学校では、見た目のいい子どもには醜い子どもよりも良い成績がつけられ、[7] 学業における期待も高い。また、違反行為に対する判断もさほど厳しくはない。職業面では、美の基準に合致している人は採用過程でより有利である。そして採用されると、社交性と活力がより高いとみなされ、結果的に同僚よりも実績を評価されやすい。[8]

## 美しきは良きもの

よくあるステレオタイプに、肥満に関するものがある。西洋諸国での美の特質のひとつは痩せていることで、特に女性については「痩身の独裁」と形容されるほどだといわれている。これに対して過体重は非難される。たとえば、まだ六歳の子どもでも、太っているより痩せている人物や中肉中背の人物のほうが好きだと言う。肥満（客観的かどうかにかかわらず）にまつわるステレオタイプは数多い。女性というカテゴリー、フランス人というカテゴリー、あるいは規範にもとづく「美しい」人というカテゴリーへの所属とは異なり、「太っている」というカテゴリーに属していることは、自分自身の行動が招いた結果とみなされる。[9] 単に痩身という規範に合致していないというだけで、怠惰でだらしなく、自分を甘やかし、やる気も意志もなく、特に食べ物に対する自制心のない人だと思われてしまうのだ。肥満の人は、不器用で、知的能力が低く、あまり生産的ではない人ということになる。ただし人間関係や社交の面では、このステレオタイプはもっと相反した人物像を描き出す。過体重は温かさと結びついて、肥満の人が優しい、愛想がいい、おもしろいなどという印象も与えるが、同時に悲しく、孤独で、感じの悪い人ともみなされる。六歳の子どもから見ても、有能というよりは温かい人と思われがちだ。スリムな人と比べると、太っている人は能力が劣っていて、しかもさほど温かみもないと見られることが多い。

## 外見による差別

美しさがもたらすプラスの効果は、個人に対する判断に限られない。好ましい容姿と判断された人は「優遇される」ことが多いが、好ましくないと判断された人は「冷遇される」、つまり差別を受ける。判断の場合と同じく、外見に応じたふるまい方の違いは、日常生活のさまざまな場面で見られる。

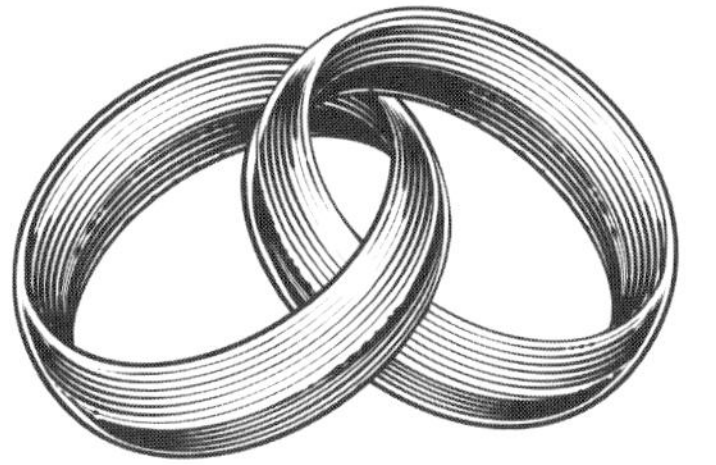

恋愛関係において、美しい容姿と判断されない人は避けられる対象となり、選ばれたり望まれたりする割合は概して低い。親密な間柄においては、女性の容姿における魅力の度合いと結婚の可能性には関連があり、[10] さらに女性の容姿と高学歴で収入の高い夫に出会う可能性との間にも関連がある。[11] 裁判で科される罰も、被告人の美しさがどう認識されるかによって変わるのだ。たとえば、あまり魅力のない人が性的暴行で訴えられた場合、重大な反証がなければ罰はより重くなる。[12] 学校では、魅力的な容姿の子どもは処罰の対象になることが少なく、他の子どもより厳しい罰を与えられることもない。一方、見苦しい容姿だと判断された子ど

もは、からかわれたり、嫌がらせや嘲笑を受けたりすることが多い。仕事においては、優れた容姿の人は採用されやすい。容姿がさほど魅力的でない人は、魅力的な同僚に比べて収入が低いという研究結果もある。また、職場では好ましい容姿の人は同僚の援助をより多く得られる。最後に、スポーツの分野では、選手の美しさはスポンサーの援助とメディアへの露出をある程度左右する。

肥満に話を戻すと、教育、労働、医療といった社会生活に不可欠な分野において、太っている人が差別されるという事実は、多数の研究によって示されている。肥満恐怖症とは、流行語ではなくひとつの現実なのだ。こうした差別は社会的に受け入れられ、メディアでは特に利用されている。映画やテレビドラマを分析すると、肥満の人物に関して否定的な、風変わりな、あるいはこっけいな見せ方が多い。広告はつねに、スリムな体型や減量をやっと手に入れた幸せに結びつけて「太っている＝不幸、痩せている＝幸福」という関係を強調する。教師も他の人々と同じように、過体重の人に対して否定的な態度を示す。その結果、太っている生徒（ステレオタイプにもとづいて学力が劣るとみなされる）の成績については他の生徒とは異なる見方をし、違う態度で接するようになる。実際、ある研究では、過体重の女性の三二パーセントが、体重を理由に教師から非難されたと語っている。[13] そのような差別は体育の授業によりはっきりと現れ、年を追うごとに強まっていくため、生徒は授業に出たがらなくなってしまう。集団競技のチームを編成するときには、差別の対象となる生徒は他の生徒に「選ばれる」のではなく、「お荷物だと思われる」のである。

その後、職に就いても過体重の人への差別は続く。米国を中心に行われた調査では、職場での差別に悩む人のうち、太っている人は太っていない人の一二倍にのぼり、女性だけに限るとその数字は一六倍にはね上がった。雇用形態、昇給、能力査定、解雇者の選択などの決定に際して、過体重の人は冷遇されている。医師、看護師、心理学者や医学生なども、過体重を怠惰、自制心の欠如、あるいは意志薄弱と結びつける。それに対して痩身は、彼らの目から見てもプラスの特徴をもつ。なかでも医師は、自分の仕事をさほど評価しておらず、できるだけ時間を無駄にしたくないと考えているからか、過体重の患者には医師の助言を役立てる能力があまりないと判断して、救いの手を差しのべたがらない。[14] したがって、過体重の患者は他の患者と同じようには診察してもらえない。

こうした状況は嘆かわしいことだが、美しさにも否定的なステレオタイプはいくつかある（美しいことが浅はかさ、愚かさ、自己中心性と結びつけられる場合が多い）。美しい、醜い、細い、太いとみなされることや、好ましい、または好ましくないと思われる身体的特徴をもっていることは、他人が私たちについて下す総体的評価の当然の結果である。肥満を馬鹿にし、醜さを避け、美しさを好むのは、社会において今なお容認されている数々の偏見や反応であり、そこから生まれる社会的不平等は深刻なものとなりかねない。

# « On ne tombe pas amoureux d'une norme ! »

## 「規範と恋に落ちたりはしない！」

ジャン＝クロード・コフマンへのインタビュー

社会学者、作家、
CNRS（フランス国立科学研究センター）元研究部長、
パリ・デカルト大学内CERLIS（社会関係研究センター）研究員

### ◆「痩身の独裁」とあなたが名づけておられる現象は、私たちの社会にいつ頃からあるのでしょうか？

初期の例は一二世紀、ある種のいき過ぎた大食主義の反動として禁欲主義という価値観が現れた頃にさかのぼります。当時、たとえば聖母マリアの姿のようにほっそりした女性という基準が広く知られるようになりました。一二世紀は騎士道的愛の世紀でもあり、社会全体がこの流行のとりこになっていたとは言わないまでも、恋愛ゲームにおいて女性が圧倒的優位に立っていたことには驚かされます。ここで注意が必要なのは、ルネサンス期になると、逆にふくよかさが復権する点です。実際、こうした入れ替わりは絶えず起こっていたのです。そして時代が進み、一八世紀末からロマン主義が物質的な重さを排除して、ほっそりした身体への夢をかき立てていたのに、痩身へのあこがれが戻ってきたのは一九世紀になってからでした。第二次世界大戦後には、イタリア映画、続いてハリウッド映画に着想を得たピンナップ（訳注／ピンで壁に貼る水着姿やヌードの女性写真）が登場しました。これは多少なりともファシズムからの復権を意味し、男性のように痩せた両性具有的な女性に対抗する「真の女性」のイメージを取り戻そうという動きだったのです。続く一九六〇年代は急激な変革期でした。ほっそりした女性モデルとして登場したツイッギーが新たな流行を体現しました。こう見てくると、ふくよかさとスリムさの好みが周期的に変わることがよくわかります。女性の解放、若者の社会運動、ロック音楽を時代背景に、注目を集めたがるのではなく、さらに自由な活動を欲するスリムなボディが突然現れたのです。ティーンエージャーのようなバストの女性は、海辺で男性の視線を集めることもなく、自由を最大限に味わえます。海辺で裸の胸をさらす習慣は、誘惑という範疇には決して入りません。むしろ逆に、男性に対して、自信に満ちた身体をもつよう要求すべきなのです。世界的にも、スリムな体型の流行期は女性の解放と合致しています。

### ◆スリムな体型を守ることは、今なお男性より女性にとって重要なのですか？

男女平等が広がりを見せていても、私たちはまだ、誘惑のゲームにおいては女性が美しくあらねばならないという古風なステレオタイプにとらわれています。この状況は私自身がいちばん残念に思っているのですが、「女性の美」と「男性の金《かね》」の価値は実際には等しいのです！　女性が体の手入れや身づくろいにかける時間を考えれば納得できます。自分を磨く男性もますます増えてきていますが、女性ほどではありません。女性は鏡を思い浮かべつつ、男性よりはるかに多くのファッション雑誌を読みます。他の女性の写真を見ながら、そこに自分の姿を見ようとするからです。男性向け雑誌も出版されていますが、ごくわずかです。

### ◆なぜ痩せていることを求められるのですか？　自分の身体をコントロールできていると示すためですか？

はっきりした理由はありません。近所の女性や親戚の女性、会社の同僚が理想的な細さをめざして大幅な進歩を見せたことに気づくと、特に女性の間では目に見えない競争が起こります。その人を基準として競争が激化し、限度を超えてしまうことも考えられます。そうなると、行き着く先は拒食症です。極端な形ですが、その宗教的起源は先ほどと同じく一二世紀にさかのぼり、食べ物を口にしなくなった、つまり断食状態にある聖女たちをあがめて行進する行為を背景としています。痩せるとは、断食の実行者よりも強固に自分で自分の健康を保つメカニズムであり、しだいにだれも彼もがその力に巻き込まれるのです。今では古い社会の道徳観は消え去り、それぞれの人が自分の人生の意味や価値体系を決めるようになっています。おそろしく複雑な状況になっているのです！そこで私たちは明らかな事実、とりわけ恋愛の駆け引きだけでなく、身づくろいにおいても身体が非常に重要な役割を果たしているという事実に従おうとします。また、学校の成績や就職も容姿に左右されるという研究もあります。法律では禁止されていますが、実際にはそうなっています。痩せていることは有利であり、それが現実です。美しさの公的な規範なのです。ただし、ときにはもっと複雑です。たとえば、モデルのような体型の女性を連れ歩くのが好きな男性もいますが、それでも実際に愛し合うときには、ふくよかな女性のほうが一般的には好まれます。理想をいえば、二種類の女性が必要ですね！　それを実行している人もいるようですが……。

◆しかし時代によっては、ある種の豊かさの象徴として太っていることがすばらしいとされていましたよね？

特に一九世紀、くる病（訳注／ビタミンD欠乏などで骨が石灰化する病気）の問題に衛生的関心が集まっていた頃はそうでしたね。食糧が不足していて、餓死することもありました。労働者階級の人々は子どもたちにむりやり食べさせていました。満腹感を与える食べ物が必要だったのです。一方、ブルジョワ（訳注／中産階級）は、ごちそうが並んだ食卓でたっぷり食べることで財力を示していました。ところがいまや、状況は完全に逆転しています！　ヨーロッパでは、食べずにいようとするならホームレスになるか、極度に追いつめられた状況に身を置かなければなりません。不平等はあるにせよ、私たちは食糧面で豊かな社会に暮らしており、体に悪い食べ物をむやみに食べることさえ可能です。これも不安をやわらげるひとつの方法で、肥満を助長しています。中流階級や上流階級の仲間入りしたとたん、とびきり豊かな食生活を手に入れられるのです。つまり、スリムな体型という理想に到達するための自制心を培うことは、まったく新しい流儀であり、その細さが自らの地位と自尊心を表しています。だれもがダイエットを批判しますが、夏を迎えるためにはあっさりとみんながダイエットを始めます。医学的観点からも、それは必ずしも過ちとはいえません。

◆それでは、痩せていることはそれ自体が目的というより、理想の身体をつくるひとつの手段ということですか？

もっと単純な話です。たとえば、多くの女性が自分のお尻について厳しい目を向けています。もしもお尻を消滅させられるなら、きっとそうするでしょう……。ありがちなのは、自分の身体を毛嫌いするあまり、提示されたモデルを求めるようになることです。少々ぽっちゃりした女性は極細の体つきだけを追い求める一方、自分の胸やお尻が小さすぎると思う女性は、何もしなくても標準体型でいられることを認めようとせずに不平を言うのです。

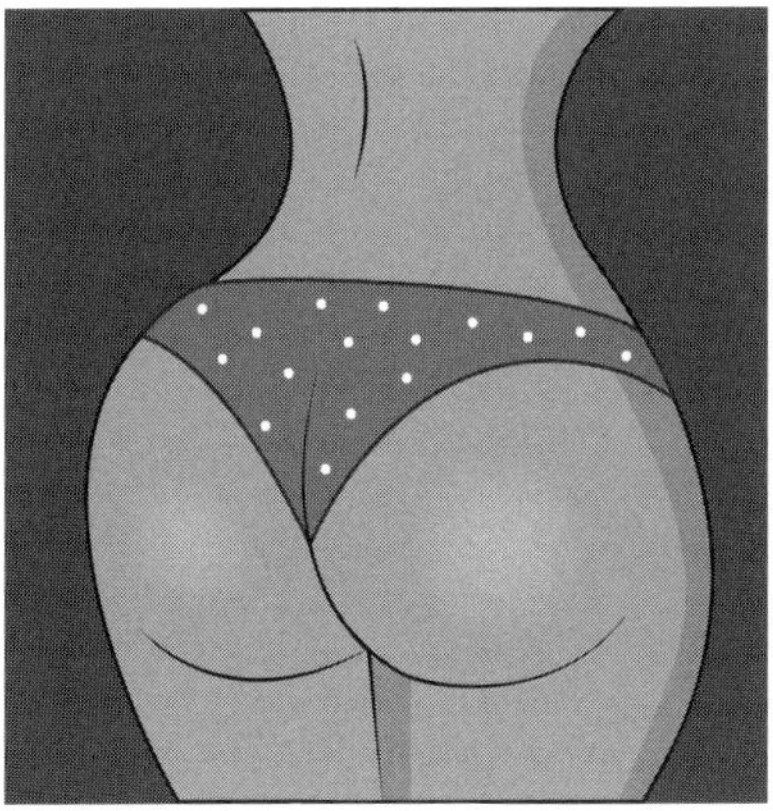

**◆スポーツをすれば、健康とスリムな体型も維持できて、しかるべきところにボリュームが出るような筋肉もつくので、こうした願いがすべてかなえられるのではないですか？**

体を動かすのはとてもいいことですが、競争の論理にとらわれたり、中毒になるほどのめり込んだりするのは禁物です。この問題においては健康が重要な要素となります。私たちは日常的に食べることを求められますが、一方で、食べ過ぎ、脂肪分や糖分の取り過ぎは体に悪いことも知っています。特に社会生活ではマイナスの評価を受けます。

だれもが努力することを求められますが、女性にはさらに努力が課せられます。私たちはイメージの独裁のもとに生きているのです。私はいわゆる「ネットナンパ」について調査しました。まずインターネット上で相手と出会います。ちょっとしたコメントは料理ブログにさえ残せるので、ブログを介した出会いも可能です。よく「大切なのは内面の美しさだ」と言いますね。その言葉はこのうえなく誠実です。メッセージを交わすうちに、相手の豊かな世界を発見したのですから。見事にイメージの独裁から脱却できたのです！　やがてカフェで相手と待ち合わせると……たいていは、ひと目見るなり相手の魅力が消え去ります。「嘘だ、あり得ない……」。会う前に写真や動画を見ていても、実物を前にすると、通常はすぐに拒否反応を示します。もはや内面の美しさではなく、規範に照らした美しさが問題となるのです。現代は「痩身の独裁」が告発されるようになり、ファッション界やモデル、女性雑誌、メディアなどに対して、痩せることをひそかに扇動している責任を問う声が強まっています。倫理や寛容さという視点から、多様性を受け入れなければならないと叫ばれているわけですが、痩身の独裁というメカニズムは今なお力を保って機能しています。私たちは明らかに支配的な規範のとりこになっているのです。真の意味で、そこから解放されなければなりません。

## ◆では、どうすればいいでしょうか？

どんな支配的な規範にも、隠れた対抗規範があります。現在は特にアフリカや南米に端を発するカウンターモデルが勢力を増しています。このカウンターモデルは、美しさのモデルだけでなく、冷たさ、分別、感情の抑制という西洋文化のモデルにも対抗するもので、胸とお尻の大きさも復権させようとしています。胸については以前からそういう動きがありましたが、お尻に関しては最近のことです。ある国ではお尻の脂肪を除去し、別の国ではお尻に脂肪を注入しているのです！　そこで、ヨーロッパでは、理想的な折衷案を見出しました。ほっそりしたシルエットながら、ハリのある胸と、今日では「丸い」といわれるお尻、つまり太っているのではなく、スリムな脚と好対照な引き締まった丸みのあるお尻というスタイルです。しかし、そんなスタイルになれるはずがありません！　細い身体というモデルの支配から逃げて、自分自身の身体を起点にすべきなのです。美しさは多様です。私たちは規範と恋に落ちたりはしません！　芸術家は、私たちがこれまで知らなかった視点から美しさを見せる術《すべ》をよく知っています。皺だらけの老人のモノクロ写真は無条件にすばらしいものです！　そこには、醜いと評価されかねないものの中に美しさが存在しています。美しさの記号がどう発展していくのかわかりませんが、多様性を味わう術を学びたいものです。

聞き手　ジャン＝フランソワ・マルミオン

## 痩せなさい、そして黙っていなさい

「理想的な体型のために、どこまで努力できますか？」。西イングランド大学ブリストル校にあるアピアランス研究センターと、摂食障害に取り組む慈善団体サクシード財団が共同で行った調査ではこう問いかけた。すると、女子大生三二〇人のうち、一六パーセントが理想の体型と引き換えに自分の人生から一年を差し出せると答えた。五年を差し出すと答えたのは一〇パーセント、一〇年と答えたのは二パーセント、そして一パーセントの学生は……二一年以上を差し出すというではないか！　全体で見ると三人に一人が、非の打ち所のない身体と引き換えなら一年以上を失ってもいいと答えている。さらに、一三パーセントの学生が年収のうち五〇〇〇ポンド（訳注／約六八万円）をあきらめると答え、八パーセントが昇進を、九パーセントがパートナーや友人と過ごす時間を、七パーセントが家族と過ごす時間をあきらめると回答した。さらに七パーセントは健康を犠牲にしてもいいと答えた。学生の二人に一人が、容姿を理由にからかわれたり嫌がらせを受けたりした経験があることも明記しておきたい。また、九三パーセントが自分を醜いと思っており、三人に一人は醜いと批判されることを一日に何度も気にかけている。

美容整形を実際に受けた学生はわずか五パーセントだが、三九パーセントは資金があれば受けてみたいと考え、そのうち四分の三が繰り返し施術を受けたいと答えている。どこを変えたいかというと、主に体重だ。質問を受けた学生の八〇パーセント近くが平均して七・三キロ痩せたいと考えている。しかし、平均体重の場合でも平均より少し低めの場合でも、痩せたいという若い女性の割合はほぼ同じである。女性が痩せる必要がないのは明らかだ。しかし調査を主導したフィリッパ・ディードリクスによると、スカーレット・ヨハンソンに似せることを求める社会的圧力があり、うまくいかない場合は自尊心を失って、拒食症やうつ病などの精神疾患を発症しやすくなるという。

ジャン＝フランソワ・マルミオン

# T'as de beaux poils, tu sais...

## きみの毛はステキだね

クリスチャン・ブロンベルジェ

エクス=マルセイユ大学
人類学名誉教授

NO!

身体の器官を復元できないほど切ってしまう（割礼や切除など）場合とは逆に、体毛や髪の毛に加える変化は一時的なもので、復元可能である。鱗屑《りんせつ》とも呼ばれるこの表皮異常生成物は、生物学的に深刻なリスクを招くことも、再成長をおびやかすこともなく、さまざまな形に整えられる。髪の毛の場合、切る、剃る、形や量を変える、カールさせる、ストレートにする、逆毛立てる、モヒカンスタイルにする、コーンロウ（訳注／編み込みの一種）にする、三つ編みにする、編み込みにする、アフリカ人の髪型のように被りものを使って高く結いあげる、オイルをなじませてグリースやクレイで撫でつける、天然繊維や人毛（遠隔地貿易では高値で売れる商品）でエクステンションをつける、染める、脱色するなど、自由自在だ。体毛が生物学的にも生理学的にもほぼ無用のものになっているため、このような加工はいっそう自由度を増している。体毛による体温調節の機能は、一七〇万年前の**ホモ・エルガステル**以降の進化において完全に消滅した。また、身体を保護する機能も文化的な用途によって衰退した。眉は本来、汗が額を伝って目に入るのを防ぐ役割があったが、今では脱毛して整えるようになっている。禿げ頭は陽射しをまともに受けやすいが、男性の間では薄毛になりはじめたらすぐ全部の毛を剃り落とすのが流行している。したがって、現代社会は身体の各部を保護するはずの体毛を好き勝手にしていると言わざるを得ない。まさしく、体毛はそのほとんどが役に立たない残存物なので、社会的・美的な手入れに問題なく利用できるうえ、男女差、社会的地位の違い、近隣諸国や遠方の国の住民との違いを示す固有の特徴も表現できる。さらには、服従と反抗、トンスラ（訳注／頭頂部の髪を円形状に剃る髪型）にした修道士と毛むくじゃらの世捨て人、文明人と野蛮人、文化と自然、美しさと醜さなど、社会と時代に応じてさまざまなカテゴリーを示すことも可能である。

## ひげの逆襲

最初に男女の区別を見ておこう。胸や声の高さと同様に、体毛は性別による差異の特徴のひとつである。自然が与えたこの差異を、私たちの文化(および一般的な文化)は掘り下げようとする傾向がある。私たちの文化においては、少年たちは初めて体毛が生え、うぶ毛がひげへと変わるのをもどかしい思いで待ち構えているが、少女たちは脚や顔に生えた毛を見つけるとすぐ除去してしまう。つまり、女性のなめらかな肌と男性の毛深い肌は、近代(驚くべきことに一八世紀)の明らかな例外を除いて、西洋史における美しさと正常性のパラダイムをつくったのだ。男らしさを表す体毛の記号(あごひげ、口ひげ、胸毛)の誇示は、誘惑と結びつけられる女性の髪の隠匿と伝統的な対比を示している。「髪の長い女よ、どうか来ておくれ」という昔の言い回しもある……。モーパッサンの小説のなかで、女性がほめそやす口ひげの魅力(「実際、口ひげのない男なんてもう男じゃないわ」)や、クラーク・ゲーブルなど往年のスター俳優のひげなどを思い出すまでもないだろう。

しかしその後、(襟を開いたシャツからたっぷりとのぞく)毛深い胸元と同じく、口ひげも旧世代の証となっていく。伝統的な図式はここ数十年で明らかに覆された。胸毛はもはや酷評される時代だ。すべすべした身体は、非動物化、無臭化、衛生への関心など、現代の特徴を示すための普遍的なプロセスに組み込まれている。一方、女性の髪は隠すための被り物、スカーフ、帽子から解放された。風にゆれる長くつややかな髪は、若さと誘惑の理想的な象徴である。あらわになった髪のもつ美的で政治的な力は、髪を旗印として社会的かつ性的な差別に立ち向かう運動へとつながる。こうして、結婚に際してユダヤ教正統派が強要する剃髪に反対の立場を取るユダヤ人フェミニストたちは、カバラの伝統によるとアダムの（反抗的な）最初の妻だったリリスの存在に勢いを得て、リリスのようにあらわな髪をなびかせるようになった……。だが現在のイランでは、髪に対して強要される規範への抗議行動は、成人女性や少女がスカーフから金髪の房をのぞかせるぐらいなら穏やかなものだが、公共の場でスカーフをはずしたとたんに激化してしまう。

現代社会において、男性の顔に生える毛の手入れは過去三〇年で相当に変化している。一九九〇年代にはつるりとした肌が主流となった。この頃には建築、インテリア、デザイン、音楽だけでなく、ヘアスタイルの分野でもミニマリストのスタイルが花開き、性別による髪型の違いは目立たなくなっていた。逆に、ひげは二〇一〇年代に勢いを取り戻す。ある最近の研究によると、二五歳から三四歳の男性のうち九二パーセントがひげを生やしているという！　ひげは、現代では大人社会に仲間入りした印である。老年

の象徴だった時期が長く、かつては職業生活からの引退を示すものだったが、現在では五〇歳以上でひげのある男性はわずか三二パーセントしかいない……。驚かされるのは、ひげの使われ方とその意味の逆転である。世代間のこうした差異は女性から見た好みにも反映されている。パートナーのいる若い女性は、ひげをすべて剃り落とした顔にはさほど魅力を感じない（わずか一七パーセント）が、三五歳以上の女性では四二パーセントが好ましいと答えている。だが、どのようなひげを指しているのだろうか？　それは隠居暮らしで手入れしていないひげや、革命家や世捨て人の伸び放題のひげではなく、魅力的でさほど主張せず、専用のはさみで整えて油分を補い、手入れされたひげである。かつて権力の座についていた男性の濃いあごひげや口ひげとは似ても似つかない。

## 崇拝されるブロンド女性

髪の色は男女で対照的である。西洋ではすでに古代から、女性の美しさといえば金髪《ブロンド》だった。ただし、一七世紀の終わりから二〇世紀の初めまでという長い時期は除き、ここ三〇年間、金髪に関する知性面の悪評がその魅力と対立している。今も変わらない金髪の魅力を証明するデータがある。世界最大の化粧品会社ロレアルによると、フランス人女性の二二パーセントが金髪なのだが、実は生まれつき金髪の女性は一二パーセントだという……。紀元前四世紀に、ギリシャの彫刻家プラクシテレスがつくったアフロディーテ像と同じく、古代パンテオンの女神も金髪だ。中世フランスの英雄叙事詩、武勲詩に登場するヒロインたち（イゾルデ、ニコレットなど）の髪の色は「クリン・

ソル（crine sor）」（ゴールデンブロンド）や「ゴーム（ghaume）」（輝くような金髪）で、あらゆる聖者、特にイタリア名画に描かれている聖母マリアと同じである。また、英語の形容詞fairが「美しい」「良い」そして「金髪の」という意味をもつのはいうまでもない。だが、時代を超えた一定の傾向があるにせよ、美への情熱は決して持続的なものではない。一六六〇年代から一九世紀の終わりまで、金髪の存在はかすんでいた。その後、自然に重きを置くロマン主義の終わりとともに復権し、一八六〇年代に手軽に脱色できる過酸化水素水が市場に出回ったことで勢いを取り戻した。第二次世界大戦前後の映画界のスター女優たち（ジーン・ハーロウ、リタ・ヘイワース、マレーネ・ディートリッヒ、マリリン・モンロー、ジェーン・マンスフィールドなど）は、**セックスアピール**、従順で甘ったるい優しさ、ときには神秘性をも象徴する金髪への熱狂を巻き起こした。その危険なまでの美しさは、一九三一年に発明された染料、プラチナブロンドの髪色によってさらに高まった。だがブロンドには、ダイアナ妃からヒラリー・クリントンまで多岐にわたる人物になぞらえて、清廉潔白、感じのよさ、若々しさ、成功、能力など肯定的な評価もある。

髪の毛を切る、
剃る、カールさせる、
ストレートにする、
コーンロウにする、
三つ編みにする、
オイルで整える……

では、女性の金髪にはどのような魅力があるのだろうか？すぐに思い浮かぶのは黄金だ。ブロンドの髪は輝きと希少価値だけでなく、純粋さも暗示する。さらに掘りさげてみよう。

大多数の企業を対象に行われた分析[1]では、男性が普遍的に抱く明るい色への偏愛が明らかになっている。一方、胸、声の高さ、体毛の少なさ、髪の豊かさと同様に、髪の色が明るいことも女性らしさの明確な象徴だ。男性の欲望は万国共通して、性別による差異が顕著に現れている特徴から刺激を受けているようだ。そしてブロンドの髪が強調するのは、女性らしさ、ひいては誘惑なのだ。女性の美を象徴するものとして、ボッティチェリの描いたヴィーナスが挙げられる。はたして彼女はブロンドだろうか、それとも赤毛だろうか？　それぞれの髪色の追従者たちは論争を続けている……。実は「ベネチアン・ブロンド」という名のこの髪色には、金髪（純血と優美さを示す）と赤毛（他の悪評と並んで、心をそそる誘惑を想起させる）が混じっている。

## 通過儀礼、剃毛という儀礼

性別の違い（または歩み寄り）を強調するために用いられてきた体毛には、社会的地位、年齢、所属する階級、あるいは特殊な役割などを示す用途もある。そして、どんな通過儀礼にも、体毛による承認行為がある。

誕生時の儀礼における役割のひとつは、新生児と母親のゆるやかな分離を明らかにして、子どもを社会的人間という立場に置くことだ。**切る**（へその緒、陰茎の包皮、髪）という行為が、分離の儀式において不変の特徴となっていることは驚くにあたらない。割礼と最初の断髪は、象徴的に、あるいは慣習的に同意義の行為であり、同一人物によって行われるものだが、割礼の実行者を兼ね

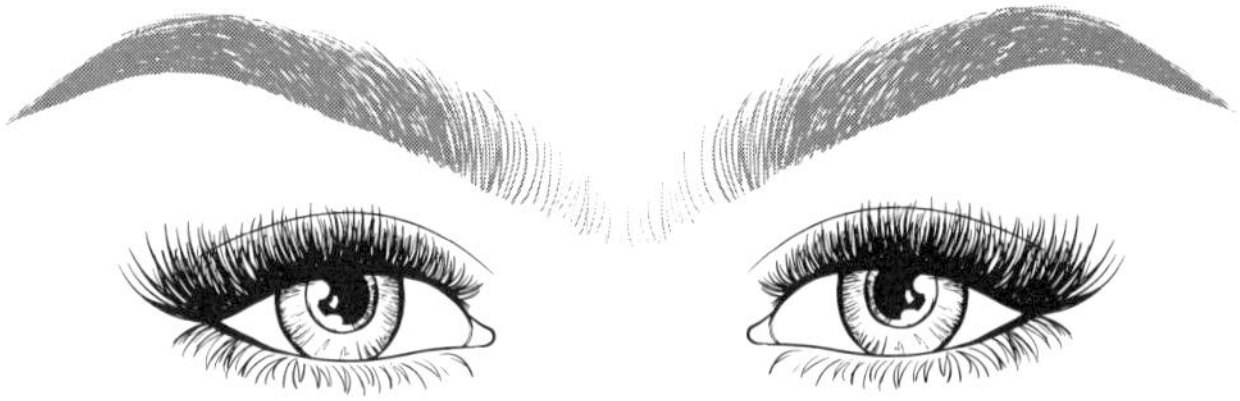

る理美容師が請け負う場合が多い。バルカン諸国やラテンアメリカ諸国の多くでは、洗礼式とは異なり、断髪の役割を担うのは、子どもの人生における重要な節目（離乳、男の子と女の子が別々の将来へと歩み出すときなど）に儀式を行う代父（または代母）である。少女の長い髪とその母や祖母の短い髪を比べてみれば、私たちの社会において、断髪が人生の年代を区切る行為となっているのは明らかだ。立場が変わる（結婚、出産、就職など）たびに外見もまた変化する。大半のイスラム教国と同様に、イランでは伝統的に若い女性は結婚するまで脱毛をしない。結婚式の前日には脱毛師が、糸や、石灰ベースの脱毛ペースト、かみそり、ワックスを器用な手つきで扱い、毛深い少女の身体をすべすべした女性の身体へと変身させる。なかでも眉には特に注意が必要で、細いアーチを完璧に形づくるよう整えなければならない。ぼさぼさのヤギの脚のような眉毛が幾何学的な二本の線へと変わるのだ。日常生活では、眉の状態は昔から会話の相手の地位を示すものであり、どのような話し方やどの程度の敬語を使うべきか、眉を見ればすぐにわかる。だが、解放を求める少女たちは、大胆にもこの識別コードを混乱させている。西洋の若い女性の美の規範に合わせようと、通過儀礼より先に眉毛を整えてしまうのだ。その結果、叱責されて、ときには学校から締め出されることもある。

## 乱れた毛

体毛は、反逆者の象徴にもなるが、服従を表す場合もある。二〇世紀のアメリカにおける黒人の髪の手入れの歴史は、髪型の担う象徴的役割を示している。それはまた、あるヘアスタイルの誕生がある世代の登場とどのように結びつき、ひとつの社会がつくりだされる重要な時期にどんなふうに寄与するのかを描いている。二〇世紀の初めから一九六〇年代までの主流は、白い目で見られる縮れ毛の矯正(当時の大流行)だった。アフリカ系アメリカ人の「マダム」ウォーカー(当時のエリザベス・アーデンに匹敵する)は、黒人の頭髪専用のローションと矯正用のこての販売で財を成した。こうして、戦後のロック歌手のほとんどがポマードで固めたリーゼントスタイルを誇示していた。一九五〇年代半ばにアメリカで始まった黒人の社会的抗議運動とアイデンティティの主張によって、ルーツを隠す代わりに誇らかに示す「**真実を語るヘアスタイル**」、「アフロヘア」が奨励されるようになる。アンジェラ・デービス、ジミ・ヘンドリックス、ジェームズ・ブラウンらが、美容における疎外感への反逆の先頭に立った。「**ホワイト・ニグロ**」のスタイルに取って代わったのは、頭に冠を載せたような形になるまで自然に髪を伸ばすという簡単なテクニックだった。

集団のアイデンティティを象徴する髪型は、個人の存在の証にもなる。新たなパーソナルネームを与えたり識別番号をつけたりするのと同じように、剃髪は服従とアイデンティティの否定(奴隷、囚人、追放者として)を表す不変の印だ。主張あるいは服従を示す手段でもあるその髪型は、規範や慣例に対する個人の立場を表している。富裕層に属する父親と母親にありがちな型にはまったヘアスタイルは、「都市」の外に暮らす、あるいは外へと追われた人々の髪型とは対照的だ。彼らの規範をはずれた髪型は、社会的および政治的秩序の拒否や、そこからの強制的な脱退を表す場合もある。たとえば反逆者や非服従者、違反者、投獄者、被排斥者は、規範にとらわれない外見によって見分けられる。さらに髪型は、霊的な体験や聖なるものとの非凡なつながりを表すこともある。苦行者、隠者、悪魔に取りつかれた者などは、伸び放題の髪やすっかり剃り落とした頭によって、一般の聖職者たちとは区別される。ローマ・カトリック教の歴史においては、ひげを剃り、頭をトンスラにした修道士は、ひげと髪が伸び放題という落伍者、つまり隠者の姿とは特に対照的である。だが、時とともに、修道院の秩序は人里離れた土地や森の無秩序へと変わっていった。かつての修道院生活には、トンスラの聖職者と乱れ髪の隠者の間に、髪型とひげで見分けられる中立の存在、農作業を担う俗人の修道士がいた。(修道士とは対照的に)トンスラにはしていないが、念入りに形を整えた長いあごひげ(隠者とは逆)をたくわえていた。そのひげの形は、収穫の終わりに細やかな気配りでつくられた花束にたとえられた。

ふさふさとした毛は、自然界への過度の共感、さらには獣性への回帰を表す場合もある。森の住人、気性の荒い狩人、野蛮な狂人、神の掟に背いた猟師、未開人、先史時代の人間などなど、どれも毛むくじゃらの姿で描かれる者たちだ。

このように外見と性質を表す髪の毛や体毛の特徴は、(世代間、住民間、同じ会社で主義の異なる者などの)活発な論争のテーマとなっている。たしかに、ある髪型を通じて、私たちは社会のさまざまな様相を学ぶことができるのだ!

# LA MISE EN SCÈNE DE SOI SUR LES RÉSEAUX SOCIAUX : AU-DELÀ DU BEAU ET DU LAID

# ソーシャル・ネットワーク上の自己演出
## ——美醜を超えて

ベルトラン・ネバン

芸術・メディア理論家

AIAC（映像芸術・現代芸術）研究所研究員

私たちはますます「シェア」する社会に生きている。常に自己演出を実現する日常生活もシェアされる。セルジュ・ティスロンが述べたとおり、つねにアップロードされる私生活をより詳しく知るため、私生活《アンティミテ》は「私生活の開放《エクスティミテ》[1]」へと変化している。出演者がテレビカメラの前で食べ、眠り、愛し合い、別れるという「リアリティ番組」がテーマに掲げたことから始まった「エクスティミテ」は、今日ではかつてないほど公開された私生活を指す適切な新語となった。

## 鼻をかむのと同じくらい、自撮りは当たり前になった

一八八八年、イーストマン・コダック社を創業したアメリカ人実業家のジョージ・イーストマンは、一般消費者向けカメラの開発と商品化によって私生活に革命をもたらした。「**あなたはシャッターを押すだけ、あとは当社におまかせください**」というスローガンのとおり、操作は簡単だった。写真技術は変革期を迎えた。撮影はだれにでもできるようになり、無駄を削ぎ落として黒革に覆われたシンプルな木箱となったカメラのシャッターを押すだけ。複雑で込み入った操作や、フレーミングの技術を学ばなくても、**素人**《コダッカー》はシャッターを押し、コダック社の技術者に写真の現像を依頼すればいい。まさにこのとき、アマチュア写真家が誕生したのだ。そこには、写真という分野や芸術の基礎を学んだ**愛好家**にとどまらず、非専門家、**プロ写真家でない人**も含まれる。コダック社の広告では、母親と子どもたちが日常の瞬間を写真に収めている姿を見ることができる。家庭生活への関心の高まり、そして過去に例を見ない写真の大衆化と普及を象徴する場面だ。

だが、コダック社から**配達**されるまで写真が箱型カメラの中に納まっていたように、撮影された画像は私的な家庭生活の範疇に収まっていた。そして一九四八年、**インスタントカメラ**という革命的な新技術が誕生する。撮影者は、写した画像がすぐにポラロイドから出てくる様子を見ることができるだけでなく、被写体となった相手にその場で写真を渡せるようになった。こうして、シェアできるうえにコミュニケーションツールともなる私的な写真の時代が始まる。写真をプレゼントするときに、名前やメッセージを書き添えられるようになったのだ。

同じ時期、多くの芸術家も自らの私生活を写真に撮り始めた。彼らは美しいものや、人間主義《ユマニスト》的な天分の具現化――一五一一年頃、ラファエロの絵にベネチアンレッドの衣をまとったプラトンの姿で描かれたレオナルド・ダ・ヴィンチを思い返してみよう――には見向きもしなくなり、代わりに醜く些末な日常生活を通じて人間の平凡さを主張した。[2] こうして、ポストモダンのポラロイド写真家として無視できない存在であるアンディ・ウォーホルは、鼻をかむ自分の姿を撮影し（『**鼻をかむアンディ**』一九七八年）、ナン・ゴールディンは腫れ上がった顔を写した『**自画像――打ちのめされて**』一九八四年）。

芸術家によるこうした平凡化と、**美的な正しさ**の再考によって、しだいに薄汚く、取るに足りないことも肯定するという流れがつくられていった。たとえば、ダグラス・ゴードンは透明な粘着テープを自分の顔に巻きつけて見た目をすっかり変えてしまい（『**モンスター**』一九九七年）、アンナ・フォックスは連作（『**スーパー・スナックス**』二〇〇〇年～二〇〇三年）において、ワインを飲んで酔っぱらう自分の姿を次々と撮影した。

スマートフォンで写真を撮る「フォネオグラフィー」という行為にも、こうした**日常主義**と平凡さの主張を見ることができる。これでピエール・ブルデュー言うところの「写真をなす機会」から、私たちは解放されたのだ。フランス人社会学者ブルデューが一九六五年に述べたとおり、アマチュア写真は長い間、「集団のリズムに連動し、ある程度限られた機会と被写体を対象にした（中略）、断続的で、相対的に珍しい行為」[3]にとどまっていた。さらにブルデューは「日常的な環境では決して写真は生まれない」[4]とまで言い切っている。

反対に現代では、どんな瞬間も撮影することができる。近年のいわゆる「コンパクト」カメラは比較的かさばるサイズだったが、すでに姿を消し、極薄のスマートフォンに取って代わられた。とりわけ、一二枚、二四枚、三六枚撮りのフィルムとそのコストは、撮影枚数の足かせとなっていたが、スマートフォンをもっていれば物理的「メモリ」とクラウド上のデータストレージを足すことで、つねにより大きい保管スペースを確保できる。画像は巨大なサーバー上に保管され、いつでも見られるようになった。その結果、私たちは枚数の制限なく撮影でき、撮った写真を自由に増やしたり減らしたりできる。

## #アンティミテ

こうして、だれもが自分を演出し、自分を見せる手段を初めてもつようになると、自分自身についてほぼ常時**レポート**したいという気持ちも強まる。かつて優れた芸術家に限られていた行為に、

だれでも手が届くようになった。特に、カメラを備えた携帯電話、今ではスマートフォンによって、自分の画像がコミュニケーションと交流の手段になった。もうだれも、海辺で写真を撮って思い出にとどめたり、あとで近しい人たちとその瞬間を共有したりはしない。写真を撮ることによって、ソーシャル・ネットワーク上に居場所を確保するため、そして離れて暮らす友人や親とのきずなを維持するために、私たちは今この時を演じているのだ。なぜなら、生まれ故郷から私たちを引き離して働かせ、あるいは自宅から遠いところでさまざまなレジャーをさせようとする、この移動性こそが、仕事の上でも個人的にも、現代の特質だからである。自宅にいる機会はますます減り、仕事でもプライベートでもどんどん**忙しく**活動するようになっているので、自分の日常を伝えるため、ネット上に写真や動画を投稿するわけだ。

　ドキュメンタリー写真に関する著書[5]の序文で、スチュアート・フランクリンは、一九二六年にスコットランド人のジョン・グリアソンが初めて英語で**ドキュメンタリー**という用語を使って「現状のクリエイティブな処理」[6]と表現したことを紹介している。ネットにどっぷり浸かっている二一世紀の人間は、自分の日常の「クリエイティブな処理」を行う。スマートフォンの写真アプリにはフィルターや画像加工機能が満載されており、日常のちょっとした出来事を指先ひとつで美しい一瞬に仕立て上げ、その処理はますます簡単にできるようになっている。

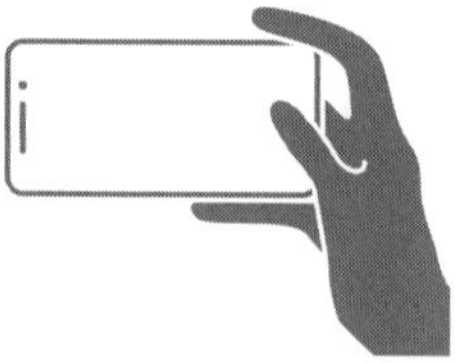

だれでもその日限りの芸術家を気取ることはできるが、その画像も演出も、テクノロジーに支配されたプライバシーをあっという間に暴露する。その理由は簡単で、ことは一刻を争うからだ。活動も移動も過剰なこの時代にあっては、撮ってすぐソーシャル・ネットワーク上で公開したり、大量のショートメッセージと同じように相手に送ったりする画像を加工することに時間をかけてはいられない。フェイスブック、インスタグラム、スナップチャットなどの**ウォール**の上では、生活の他の断片が次々と現れては、たちまち忘却の彼方に消えていく、つねに大量の情報やなすべきことが同時に流れてきて、まったく目が離せない。時は急を要し、効率を要するのだ。したがって、**オートレポーター**となった私たちはみな、ＧＡＦＡＭ（ガファム）――グーグル、アマゾン、フェイスブック、アップル、マイクロソフト――のつくったフィルターで写真の見映えをよくするしか術がない。ＧＡＦＡＭはこうして、私たちに美の標準化を強要し、私生活を産業化しているのだ。私たちはもう日常生活を書き記すことはしなくなり、代わりに**適切な**アプリが私生活をコード化し、書式設定している。直筆の手紙は顔文字入りのＭＭＳ（マルチメディア・メッセージング・サービス）[7]に代わり、あらかじめ用意された絵文字や飾りを借りて非人間的なコミュニケーションを露わにするものとなった。私たちはテクノグローバル化した言語と思考に、これまで以上に服従させられている。たとえばＢ６１２というカメラアプリは、自撮り写真に対してランダムに選び出したフィルターを自動的にかけてくれる。これにより、私たちは「理想的なフィルター」を探す際に使う「貴重な時間を節約」できるのだ。

こうして、私たちは**テクノロジー的存在**[8]となり、どの瞬間にもジャンルやテーマを明示するハッシュタグがつけられて、テクノロジーに依存することを受け入れるようになった。ビーチで過ごす午後、レストランでのディナー、子どもの誕生などは、すぐに「#ビーチ」、「#レストラン」、「#出産」などの形で、インスタグラムやフェイスブック、スナップチャットで公開され、プライバシーの共有の証となる。こうして、ただちに公にされた私生活は外部へと開放され、自分の**知人**の枠を超えて存在したいという要求をさらけ出す。**タグ付け**《ソーシャルタギング》されると、私たちの生活には見知らぬ人たちと無限に出会う可能性が生まれるので、ウェブ2・0（訳注／それまでのネットとは異なり、ユーザー参加型で双方向的な情報環境）時代の真のスター気分を味わえる。だが結果として自分の日常のすべてがシェアされ、自分のものでなくなり、強迫的で衝動的になったネット上の交流に酔うようになる。そして、**いいね**やコメントを集めて、自分の生活を承認してもらいたい、正当化されたいという欲に駆られ、ネット上のウォールやギャラリーを飾り立てることだけが生きがいになってしまう。あらゆる人と交流したいという欲求に応え、その褒美として、ドーパミン（私たちの脳内に存在する「快楽」物質）という**美酒**を与えるために、ソーシャル・ネットワークは理不尽に、依存を招くようなやり方で、ネット上の友人たちから好意的な反応をさらに多くもらうよう、私たちを追い立てる。

## スターがネットユーザーを模倣する

それだけではない。自分の画像がわずか数秒しか見てもらえないことを知っていて、つねに最適化を気にかける私たちは、わざとらしく見えるほど極端に規範や類型に沿ったポーズを取る。ソーシャル・ネットワークは新たに生まれた選択的コミュニティへと変貌した。そのコミュニティによって認められ、ときにフォーマット化された基準や言語に合わせて自分の特徴と独自性をよりよく整えるために、私たちは実際に**写真データ**をためこんでいるのだ。私たちの写真と動画は、自ら受け入れた人工物で成り立つ永久の幸福を誇示する。そういうわけで、今日では休暇の行き先も**インスタ映え**[9]するかどうか、つまりインスタグラムで**いいね**をもらえる見込みによって選ばれる。「インスタグラム」のロゴを入れた背景を提案するウエブサイトもあるほどだ。さらに、ティックトックはどうだろう。若者が好きな音楽に合わせて踊ったり、口パクで映画のせりふを言いながら演じたりする姿を自撮りして公開できるこのアプリは、コピーペーストやパロディーという文化をあからさまに示すものだ。一方、私たち大人は、家族での食事では善良さや満足感を、海辺ではセクシーさを過剰に演じてみせる。もはや生きているというより、類型的な役割や人物のものまねをしているのだ。フォロワーを喜ばせようとして、私たちは肥大した幸福とおもしろおかしい軽さを取り入れる。生活は連続ドラマやゲームのようになり、そこでヒーローやスター司会者として、**友だち**にさまざまな出来事や試練をフォローするよう提案する。

オンライン動画配信プラットフォームのネットフリックスは、契約者の多様なプロフィールに対応できるよう、多様なコンテンツを次々に提供している。同じように、ソーシャル・ネットワークも今日ではあらゆるフィクションを扱うようになっている。ますます多部族制が強まる現代社会のイメージを現しているのだ。こうした多元性は、より有効な演出の定義にすら影響を与える。こうして、ビーガン（訳注／厳格なベジタリアン）はフィルターをかけない写真を好み、ますます多くの人種がネット上で自己主張するようになっていく。また多くの若者は美容整形に頼って、目の下のくまを消し、顔をほっそり見せられるカメラアプリ、Perfect（パーフェクト）３６５やYou Cam Perfect（ユーキャンパーフェクト）で修正したインスタグラムのアバターに自分を近づけようとする。したがって、ソーシャル・ネットワークにおいては、**スナップチャット異形症**――ある種のゆがんだ自己認識――すら招くほどに美しさの新基準が広まってはいるが、**コミュニティ・マネージャー**（訳注／ネット上のコミュニティ活動の企画・管理・運営を担う職業）のローズ・アジによると、容姿の規範がいっそう疑問視されるという矛盾も現れている。まさに私たちの社会を写す鏡として、美的にも文化的にも革命的なできごとに恵まれた二〇世紀の遺産、つまり美と醜という従来の二分法を超越した世界を提示しているのだ。そこに見えてくるのはむしろ、それぞれのコミュニティの規範を順守して期待に応えることに執着し、自分をシェアするという圧力だ。

前世紀までのメディアは、絵画からテレビにいたるまで、見る者や視聴者に美の基準と規範を押しつけることができた。だが二一世紀のウェブ2・0は、この伝達方向を逆転させ、いまやネットユーザーがスターに規範を押しつける時代となった。こうして、一般大衆も芸術家も、自宅や舞台裏で撮影され、加工しないことも多い日常の姿を、インスタグラムというネット経由で自分のファンに見せる。存在をより身近に感じてもらうため、そして公的なイメージがつくりだす距離と不自然さをなくすためだ。彼らの演出にはふたたびセルフィーのフレーミングが用いられ、フォロワーたちがふだんから使っている顔文字やテキストアニメーションも加えられる。こうして、フォロワー側の規範に合わせた言葉を使おうとする気配りをしたり、広告メディアを脅かすほど、他のソーシャルメディアに対する好意を示す。

## 多くの若者は美容整形に頼って、インスタグラムのアバターに自分を近づけようとする

長い歴史をもつ自画像という絵を芸術家が描くようになったのは、自分の美しさをたたえるためだったのか、あるいは醜さで衝撃を与えるためだったのだろうか？　だが、もはやどちらも自己演出の真の動機ではなくなったようだ。これからは私生活や気分のシェアだけが重視される。フェイスブックは、高圧的な態度をやわらげるために「ご意見をどうぞ」というページでネットユーザーを受け入れたのではなかったか。インタ

ーネットとウェブの黎明期における水平主義は、美的価値や造形的価値、そして倫理的価値のあらゆる階層化から解放され、ウェブ2・0の論理においても再登場する。こうして、粘着テープを巻きつけてゆがませた顔に大人のおもちゃをつけて写真を撮ったり、極端な細さを示すために腹の上にA4サイズの紙をのせてポーズを取ったりすることができるようになった。自殺した不幸な人の遺体の隣にいるところや、模範的なパパとして娘たちと遊ぶ動画の自撮りもできる。さらにグロテスクで不快極まりないものまで、すべて公開可能であり、公開されるにちがいない。こうした風潮に対して、視覚文化専門の歴史家、アンドレ・ギュンテールは、「みっともなさ」について、セルフィーのもつ対話機能に必要であり、受け手に観察よりむしろ反応を促すという理由から、それこそがセルフィーの習慣に特有のものだと述べている。

だが、このシェアと自己演出という信仰は、市民運動を生み出すきっかけにもなるだろう。例えば、最近では「#クリーンチャレンジ」によって郊外《バンリュー》の若者たちが立ち上がり、自分たちの集合住宅の清掃を行うだけでなく、**バズ**（訳注／ネット上での情報の拡散）を生み出して他のコミュニティにも同様の活動を促そうと、ネット上で都市の美化活動をシェアしている。しかし、こうした活動の持続性について疑問を投げかける権利はある。はたして（自分たちの）世界を変えたいという真の意欲に動かされてのことなのか、あるいはウェブ2・0でバイラリティ（訳注／口コミなどで情報を拡散させること）を起こしたいという願いからなのか？　いずれにせよ、日常を遍在化させることによって、自分の生活のさまざまなイベントや取るに足りない出来事、極端な場合には自分の死すらシェアしたがる相手に対して、人々は固定アドレスを明らかにしている。実際に二〇一六年には、オセアーヌという一九歳の女の子が、ライブ配信アプリのペリスコープで他のユーザーと何時間も**病的なからかい**のような言葉を交わした後に、自分の死ぬ場面を実況した。レイプや殺人をすすんでリアルタイムで見せようとする者もいる。たとえば二〇一九年三月、ブレントン・タラントは、**フォートナイト**というゲームのリメイク版になぞらえて、ニュージーランドのクライストチャーチにある二カ所のモスクで信者五一人を殺害し、四九人を負傷させた様子を、フェイスブックの**ライブ**で動画配信した。卑劣さも病的な異常さも、隠すどころか見せつけるように数千人のユーザーに配信される。これらは醜悪さの規格化を表しており、絶対的な透明性と平等性の伝道者、マーク・ザッカーバーグがつくりあげたネットワークの論理的な帰結である。

## 行為遂行的になる交流

どんな瞬間にも、どんな状況でも、自分をデジタルに演出したいという現代の熱狂ぶりについては、足を止めてよく考えてみるべきだ。私たちの露出趣味をついに満足させてくれるのは、このソーシャルメディアという新たなメディアなのだろうか？　それとも、見せたい、見られたいという欲求は、哲学者のベルナール・スティグレールが「無時代[10]」と形容した状況、つまり社会的構造、伝統文化的構造からは解放されたものの、目的も意味も失った悲惨な未来と向き合わなければならない状況にある現在の表現行為なのだろうか？　実際、もはや美化された過去にあぐらをかくこともなく、明日は今日よりすばらしいとは信じられなくなった現在において、このメディアの見たこともない特質をどうして無視などできるだろうか。歴史学者のフランソワ・アルトーグが「現代主義[11]」と名づけたこの風潮は、人をつねに自分自身へと追いやる一方で、好みに合わせて他人に身をゆだねようともさせるのではないだろうか？　こうして私たちは、日常生活をまだ信じるに値する唯一の虚構に仕立てあげ、同時に、暗黙の善意に満ちたデジタルコミュニティのおかげで、歴史的ではなくても、個人や家族、文化の歴史という観点から、断固として選択的な新しい交流を築いていくのだ。悲観主義にむしばまれているこの世界では、くり返される政治的危機や環境的危機によって総体的価値は崩壊している。だからこそ、「いいね」という言葉と、日々の生活のちょっとしたことに対する好意的な反応によって満足感を得るのだ。ソーシャル・ネットワークはこの欲求をよく理解している。

　だが何より、親としての姿であれスポーツであれ、どの活動もいまやパフォーマンスに依存しているという最適化信仰がそこにはある。子どもと遊ぶ様子[12]や**ジョギング**の場面は、ウェブ上でできるだけ多くの**いいね**を生み出すためにシェアしてもらうべきだ。こうして私たちは私生活を収益化する。つまり、私たちの個人データがソーシャル・ネットワークを通じて広告主に転売されるとき、さらには日常生活の動画がユーチューブ上で利益を生むとき、収益化されるわけだ。なかでもインフルエンサーは、ネット上のあるブランドを自分の動画ブログで紹介して利益をもたらし、その対価を得ている。また、オンラインで注文した商品の箱を開ける様子を撮影し、アメリカの巨大動画共有サイト上で自分の動画をシェアするという新しい趣向、開封動画《アンボクシング》を公開するユーザーも同様である。

しかし、より広い観点からすると、私たちはみな家庭生活における起業家ではないだろうか。脚本家、俳優、カメラマン、さらには**コミュニティ・マネージャー**も兼任して、日常からフィクションをつくり、そのフィクションを通じてデジタル世界でできるだけ成功を収めたいと願う。結果的に、飾らない自然さという流行が消滅するのは、即興をいっさい許さない全面的な自己演出を行ううえでは喜ばしい。

そこで展開されるのは、私たちの現代性に潜むすべてのパラドックスだ。**市場に出され**、テクノロジーでフィルターをかけられる場合にかぎって称賛される私生活、プロの活動と同じように最適化されて運営されるレジャー、ますます肥大化する孤独感と根なし草を暴露するデジタルな交流、制御され計算された飾り気のなさ、さらには、知性をもっているのではと思えるほど人間らしさがあり、私たちの生活を単純化し、選択の自由を失って単なる利用者になりはてた私たちを魅了しつづけるテクノロジー。

したがって、ソーシャル・ネットワーク上の自分という存在の演出家を自認したところで、私たちは結局ただのエキストラであり、ＧＡＦＡＭのコーディングに服従するオペレーターにすぎないのだ。

## 今日では休暇の行き先もインスタ映えするかどうかで選ばれる

# Les enfants de l'apparence

## 外見至上主義の子どもたち

グザビエ・ポムローへのインタビュー

精神科医
元ボルドー大学付属病院
アキテーヌ青少年センター長

## ◆自分の外見が真剣に気になりはじめるのは思春期の現象なのでしょうか？

そうです。自分が望まないのに身体が変わっていき、その変化を自分ではどうすることもできないからです。まさにこれが思春期のプロセスの定義ですね。身体の変化は醜く見えるかもしれません。ニキビが出たり、自分の体型が全然望んでいないものに思えたり……。その結果、男の子も女の子もたいへん不安になって、しょっちゅう鏡を見て自分の姿を確かめます。若者は自分の身体を理想に近づけたいという思いに駆られるのです。しかし、本当に醜い人などほとんどいません。街なかで見かける若者はむしろ美形です。彼らはおしゃれの仕方、髪型の整え方、服の着こなしをよくわかっていて、カメラの前でも、おどおどすることが多い大人とは違ってごく自然にふるまえます。たしかに、表面的な自信ではありますが、全体的には自分に満足している世代です。一方、私の世代（訳注／六七歳）は、自分をみっともない、痩せ過ぎ、太り過ぎなどと思ってしまいます。若者たちの親も、子どもたちの発達を注意深く見守ってきたのです。

## ◆つまり、見苦しくない子どもをつくりあげようとする親の圧力があるということですか？

もちろん、あります！　こう言ってよければ、若者はあちこち修正をかけられています。まだほんの子どもの頃から、親は歯列矯正具をつけさせたり、理学療法で骨格を整えさせたりします。子どものほうは規範をもてあそび、ときには親を挑発します。女の子はメイクを濃くしたり、男の子は中学校に行くにはまったくそぐわない服を着たりして、注目を集めようとするのです。その目的は、帰属コミュニティに合わせるためでもあります。彼らは所属するグループを出自で区別するのではなく、ファッションで定義し、ソーシャル・ネットワークに投稿する画像もその定義に沿って選んだり、必要なら修正したりします。まるで俳優のように自分たちのイメージを効果的に操るのです。セルフプロデュースの才能は十分にありますね！

**◆ソーシャル・ネットワークはこの傾向を際立たせているのですね？**

自分では意識していなくても、若者たちは自分の姿を見せつづけることで安心を得ています。自撮り写真を撮るのは、「私は自分のイメージの所有者である」と言っているのと同じです。彼らは外見至上主義なのです。自分がファッションの規範に合っていないように思えたり、親がサムスンやｉＰｈｏｎｅの最新機種や有名ブランドの服にお金を出してくれなかったりすると、つらくなります。

**◆実際に若者やローティーンの外見を対象とした市場がありますよね？**

女の子は五歳までバービー人形で遊び、五歳を過ぎると自分自身が一種のバービー人形になろうとして、髪をバレッタで飾ったり、水で落とせる化粧をしたりすると昔からいわれています。若者向け市場の目的は、やみくもに消費に走ったり、仲間と遊びに出かけたりする若者たちにとっての魔法の惑星になることであり、そのためにはなるべく早く優位に立てるイメージをつくりあげなければなりません。

**◆それはすべて、恋愛と性の対象を見出すうえで重要なことなのですか？　たとえば若い頃は、他人に見せて自慢したいような相手とデートして、自分もパートナーとしてふさわしく見られなければならないと思うものですか？**

その点でも、状況は大きく変化しています。若者の恋愛生活は、ひとつ前の世代と比べて変わってはいません。気を引き、気に入られ、愛し愛されたいのです。ところが、いまやそれに加えて、カジュアルセックスといわれる愛のない性的関係をもつこともできます。愛情と外見を切り離して考えるひとつの方法ですね。この関係では、若者がだまされることもあります。恋愛感情をもつことは避けられても、早すぎる性交渉で自分自身を危険にさらす事態になりかねません。また、他人から醜いとみなされる相手の魅力にあっさりと屈することはありません。あるいは、相手が特定の分野にとても詳しい人や非凡なユーモアを披露してくれる人である場合、恋愛は一種のカウンターカルチャー的行動のようなものです。いずれにせよ、若者たちは外見をとても気にしています。

**◆若者は親の外見も気にしますか？　結局、思春期とは、自分の親が美的な面から見ても世界一完璧ではないことに気づく時期ですよね？**

若者はたいていの場合、親のことを救いようがないと思うものです！　自分の友人の親よりも自分の親に向けて批判的な態度を示します。将来、自分は親に似ないよう願っています。親戚の集まりの席で、「おやまあ、お父さん（またはお母さん）そっくりになって！」と言われてもぜんぜん嬉しくありません。親のクローンになるつもりはさらさらなく、むしろまったく違う人間になりたいのです。

**◆美的な模範と自分をすぐに同一視するものなのですか？　今日でもなお、特にスターやユーチューバーに自分を重ね合わせるのですか？**

今後何がしたいかと尋ねると、若者の多くは「有名になりたい」「金持ちになりたい」と答えます。これは消費時代の子どもたちが口にするふたつのライトモチーフです。幸いにも、年齢が上がるにつれて願望は洗練され、やがて多くの若者が誰かを救える仕事につきたいと言うようになります。傷ついた動物に自分を重ね合わせて獣医になりたい、人道支援活動がしたい、人々を治療したいなど……。若者は自分のことをどこか異星人のように感じているのです。

◆有名になりたいということは、自分自身も消費財やモデルになりたいと願っているのですか？

そのことを意識しているとは思いませんね。動画やチュートリアルをつくるのは、できるだけ多くの人を引きつけたいからです。観客を獲得しようとして、自分のつくった映像でいいねを集める若者もいます。思うように人が集まらないときは、たとえば中身は水なのにウォッカのボトルを一気飲みするように見せるなど、誇張した手法や危険な手法に頼りかねません。

◆自分をみっともないと思っている若者や、気に入られたいという欲求を過剰に示す若者に、どんな言葉をかけますか？

そういう若者を決して馬鹿にしたりせず、自分をみっともないと思っていることには何か理由があると気づかせてあげるべきです。ニキビが目立つといった客観的な理由なら、きちんと診察を受けるという選択肢を示してあげなければなりません。それ以外の場合は、機会あるごとに、外見以外の能力があることを力説したり、ある分野でどれほど優秀かを教えてあげたり、誇らしく思っていると伝えたりすることによって、身体的魅力がないとしても生きていけるよう手を差しのべるのです。自分をみっともないと思う気持ちは、往々にして内面の不安定さの表れです。だれにでも居場所や役割や才能があるという事実を伝えて、若者に安心感を与えるべきです。愛は人を美しくします。若者も例外ではありません！

聞き手　ジャン＝フランソワ・マルミオン

# *Le beau sexe et la laideur*

## 美しき性、そして醜さ

クロディーヌ・サガート
DNMADE（工芸デザイン国家免状取得課程）哲学教授

不細工、見苦しい女、でぶっちょ女、醜女《しこめ》、メス豚、尻軽女、サル面、百貫デブ、ブス。現代の醜さは、基本的にぶざまな容姿を指す。だがその系譜を調べてみると、醜さとは、負の価値に加えて、当初は生理的、知的、道徳的な欠陥に対する表現だった。古代ギリシャの昔から、思想体系は美と醜にまつわる二元論的な考え方をもとに構築されていた。神の娘であり、善と真の姉妹である「美」は、秩序、調和、気品と同じ類のものだ。一方、その反意語である「醜さ」にそういった名声はない。醜さは悪や不誠実、嘘に近い位置付けで、無力、不足、腐敗を象徴し、喪失、極貧、欠乏に等しい。あいまいで不吉で陰気なものとみなされ、形のないもの、いびつなものとして表される醜さは、衰弱、病気、そして死を反映している。男性の身体と女性の身体の差異化は、こうした枠組みや、哲学、文学、宗教、医学の書物を介して行われてきた。

## 女性であることの生理的、知的、道徳的な醜さ

プラトン、アリストテレス、プロチノスといった哲学者にとって、物質《マチエール》は醜さに属し、形《フォルム》は美しさに属していた。神の作品である男性性を表す形は精神世界に由来し、構造化され、整然としている。対照的に、女性性を体現する物質は、単なる容れもの、あるいは受動的な素材である。アリストテレスは著書『自然学』のなかで、こうした考え方を簡略化して「メスがオスを求め、醜さが美しさを求めるように、欲望の主体となるもの、それが物質である（後略）」[1]と述べている。すべての女性的存在と男性的存在に適用されるとみなされるこの存在論的な考え方において、女性は身体

という物質を通して醜さの表現として本質化され、男性は形を通してその美しさを明示する。

　この構造は、当時の哲学書や医学書で展開された気質論にも通じる。男性をつかさどる体質は「熱」と「乾」であり、たくましく美しい身体、そして思いやりと節度のある人格を形成する。一方、女性の体質は主として「冷」と「湿」である。その身体は頼りなく病弱で醜く、その性格は衝動的で抑制を欠いている。生理学的観点からは、女性の身体には筋肉が少なく、骨格もより細いため、より虚弱で、ある種の弛緩が目立つとみなされる。生理の経血、性交時の流出液、出産、乳の分泌を理由として、女性には湿った、柔らかい、冷たい存在という役割が当てられるのだ。苦しむ肉の内に閉じ込められた虚弱な存在であり、知的能力を高めることも、完全に貞節な人間になることもかなわない。このように、生理学的観点から、女性の醜さを裏付ける知的基準と道徳的基準が推測されたのだ。

　むろん、女性はその容姿の美しさで評価されることもあるが、古代ギリシャの頃から、単なる外見の美だけでは美しいと定義づけるには不十分であった。知的に、そして道徳的に美しくなければ、容姿の美しさなど取るに足りない。美にして善なる《カロカガティア》というギリシャ語が表すとおり「美しき良き

もの」なのだ。女性の外見の美は二次的な美にすぎず、神話や物語で力説されるように、うわべの美しさには最悪の醜さが隠されているおそれがある。叙事詩人ヘシオドスの『神統記』と『仕事と日』でも取り上げられているパンドラがその好例である。たしかに、「女神のような顔立ち、（そして）愛らしい無垢な美しさ」[2]をもってはいるが、ゼウスがヘルメスに命じて「犬の心（と）盗人の性《さが》」を与えさせたため、実は「たいした悪女」だったのだ。その心は「嘘と甘言」で満ちていた。パンドラに与えられた言葉は、真実を伝え、思いやりを示すためではなく、偽りを伝え、感情を隠すことが目的だった。[3]この「愛すべき悪」はギリシャ語で**カロンカコン**といわれ、美しき悪、美しき不善、美しき醜さを指している。女性の卑しさは、男性の労働による収穫のおこぼれにあずかり、麦の実や種をめぐんでもらうところにある。その口と性器によって、「その動物的欲望、食欲、そして性欲によって（彼女は）**ガスター**[4]とみなされる」。パンドラは「ふくらんだ腹」[5]なのだ。害をもたらすその腹になぞらえて、ゼウスはあらゆる悪を閉じ込めた壺をパンドラに与えた。ふたが開かれると悪は世界中に広がり、人間に「恐ろしい苦しみ」が与えられるのだ。

　神話から宗教的講話、そして女性嫌悪談義にいたるまで、女性は身体的、知的、道徳的な欠陥を体現している。美的観点からは美しいとしても、汚辱と腐敗にまみれたその身体は生理的には醜く、「この世の吐瀉物」[6]であると言い表された。女性は道徳的に醜く、悪をもたらす者だった。女性に関するこのような非難は人々の見解に浸透していき、やがて自明なこととなった。

## 醜い女性——反抗者、逸脱者、人間のくず

それでも、現代ではこの枠組みが変化しつつある。女性の悪の本質に代わって、より相対的な規範という考え方が台頭してきたのだ。女性は美しき性を体現し、若く美しく、魅力的な異性愛者というイメージを象徴する。啓蒙思想家のディドロは、著書『百科全書』の「結婚」という項目で、婚姻の義務が女性をさらに美しくすると述べている。「生まれつき醜かった女性が、結婚後にたいへん美しくなる場合もある」[7]とも書いている。それ以降、不道徳な女性というステレオタイプは、再生産する女性というステレオタイプにその座を譲った。美しさは、妻であり母である女性というモデルにおいて具現化される。

その対極の存在は、独身で子どもをもたない醜い女性だ。ナルシス・フルニエは次のように描写している。

「オールドミスと聞くと、みな一様にうなずいたり、顔をしかめたり、同情やあざけりを交えた微笑みを浮かべて、手厳しいつぶやきや、寛容とはいえない意見や、まだ見ぬその女性をすでに悩ませるような感想や警句を口にした。みなを怖がらせようと、ある男性はその女性が醜いと断言した。いびつな体型やおかしな歩き方を想像する者もいた。青い靴下（訳注／インテリ女性を指す）には年季が入っていると主張する者もおり（中略）四人目の男性は、その女性ほど間抜けで不機嫌な人間はいないだろうと言い切った。結局だれもが、このオールドミスという言

葉の上に無作法な憶測という足場を組み上げてしまった（中略）。とりわけ女性たちはその作業をやめようとしなかった。あたかも既婚者であることが自分たちの価値を示す利点であるかのように」[8]。

オールドミスがいわゆる不美人なら、オナニストやレズビアンも不美人であり、知性を自認して権利を主張する女性たちも同様の非難を受けるだろう。

哲学者のスピノザ[9]や社会学者のデュルケーム[10]は女性の認識能力が男性よりも劣っていると主張したが、さらに、哲学者カントは、深い省察、長時間持続する思索は女性にとって容姿の劣化を招く危険があると考えた。また、社会思想家プルードンは「男性と対等な女性は道理に合わない下劣な存在」であり、男女平等は女性を「おぞましく、醜く」[12]するとためらいなく断言した。「美しくあれ、そして口をつぐめ」という表現は、彼の見解の完璧な要約だ！　その証拠に、プルードンはフェミニストたちのことをあからさまに醜く有害な生き物であるとしている[13]。

言葉を絵にする風刺画家たち、オノレ・ドーミエ、シャルル・レアンドル、ビング・アンド・シグルなどは、インテリ女性と社会主義者の女性を、嘆かわしい妻、悪い母親であるとして、皺だらけの顔、痩せぎすの身体、まるまると太った身体のおぞましくも醜い女性として描いている。醜い容姿は、こうして社会的醜さにたとえられ、場違いとみなされる女性はすべてこの比喩によって差別された。

その結果、醜さは魔女についてまわるものとなった。魔女が火あぶりにされたのは、自立した独り身の女性や寡婦というだけでなく、身体に関する知識と力を有していたからでもある。若くかわいらしい、あるいは美しい魔女たちは、父権という力を問われる可能性の象徴として、従順で貞淑な理想的女性のカウンターモデルとなる醜い女性に姿を変えられたのだ。

醜さを生み出した「逸脱」には、さらに経済的・社会的基準も加えられる。容姿という点から見ると、身体的に魅力のない富裕層の女性でも、美しくない下層階級の女性と比べればはるかに魅力的だった。富裕層は庶民にはない身づくろいの手段をもっていたからだ……。そのうえ、醜さは、困窮した女性たちの厳しい生活環境によって助長されてしまう。また、上流階級の人物の美しい容姿は、下層階級に属する貧困女性の搾取と無縁ではなかったと指摘しておきたい。縦長の巻き毛や大きなシニョンで、ブルジョワの女性が髪を美しく整えることができたのは、貧しい女性たちがわずかなお金を得るために売った髪のおかげなのだ。この残酷な犠牲的行為については、作家ヴィクトル・ユゴーも『レ・ミゼラブル』で、ファンティーヌが幼い娘コゼットの治療のために、髪の毛だけでなく歯も二本売ることになったと記している。女性の搾取は、多くの文学作品でも取り上げられている。ゾラは著書『引き立て役』のなかで、こうした状況に注目させる。彼が描くのはデュランドーという名の実業家の物語だ。デュランドーは醜さを商売の道具にしようと、醜い娘たちを雇って、散歩用に一日中貸し出す。自分の美しさを相対的に高めたいと願う外見のいい女性たちが、その娘たちと腕を組んで歩くのだ。こうして醜女は美女を引き立てる。ゾラはこの短編小説で、自身の行いの下劣さを考えもせず、何でも買えると思っている女性たちの姿勢を批判する。「ご婦人方は、ポマードの瓶やブーツでも買うように引き立て役の代金を払った。（だが）この貸し出し品には（中略）感覚が備わっていたのだ」。オクターブ・ミルボーは、著書『小間使の日記』で、恵まれない女性たちがごくわずかな報酬しか得られない状況を告発した。

見下され、暴力をふるわれ、脅され、ときには拷問や火あぶりに処せられても、女性は闘いつづけた。あきらめることなく、ついには身体だけの存在ではない者としての権利を獲得したのだ。

## 容姿の醜さ、被告席へ

二〇世紀になると、女性は自由で自立した地位を獲得し、身体的外見の地位も例を見ないほど向上した。そして醜さに対する真の闘争が始まった。醜いとされた女性は、かつてないほどの非難と差別の対象となる。悪事を働いたからではなく、周囲に見せている自分の外見ゆえに罪深いとされるのだ。当時、醜い容姿は、自分の体を手入れする意志と能力の欠落が原因であり、社交上の失態、礼儀知らず、他者に対する軽蔑の現れであるとされた。美しさが**デザインされた**スリムな身体の若い白人女性によって体現される一方、醜さの基準は、皺だらけで、肉がたるみ、または垂れ下がり、あるいはでっぷり太った時代遅れの女性や年老いた女性にあるとみなされた。作家ミシェル・ウエルベック[14]が描写する醜さの印象は、「たいそう太っていて、見苦しい肌に小さい目がめり込んだ脂肪のかたまり」だ。

容姿の醜い男性は、若くても年をとっていても批判されることはほぼないが、若さと美しさの基準をはずれた女性はだれもが例外なく批判を受けた。映画やテレビ、広告の世界では、醜い女性は目に見えず、性的特徴のない者、そこにいない者とされる。他者の目に醜いとみなされるだけでなく、本人自身の目にも醜く映るようになったのだ[15]。そう考えると「醜さの本質、それは苦悩だ[16]」と書いた哲学者ヒュームの思想の意味が理解できる。そのことを認めれば、醜さとは、存在の価値をおとしめる恐ろしい道具なのである。そのことを認めれば、私たちの意思に反して埋め込まれた基準を解体し、そこから自分自身を定義する可能性を手に入れることができる。

「みっともない女、年寄り女、レズビアンの男役、不感症の女、感じの悪い女、寝たくもない女、ヒステリー女、気の触れた女、いい女の一大市場から締め出された女ども[17]」は「男性と同じく、醜いままでいる権利を与えられるよう[18]」闘わなければならないのかもしれない。おそらくそうだろう。

## 醜い女に気をつけろ、そういう女にはとても太刀打ちできない

――E・E・シュミット

そして、多くの人はきっとこう言うだろう。「醜い女に気をつけろ、そういう女にはとても太刀打ちできない[19]」。

# Le corps moralisé

## 道徳化された身体

イザベル・クバルへのインタビュー
INSHEA（国立特別支援教育高等研究所）教授
GRHAPES（障害・アクセシビリティ・教育・学校実践研究会）責任者

〈聞き手／フロランス・モト〉

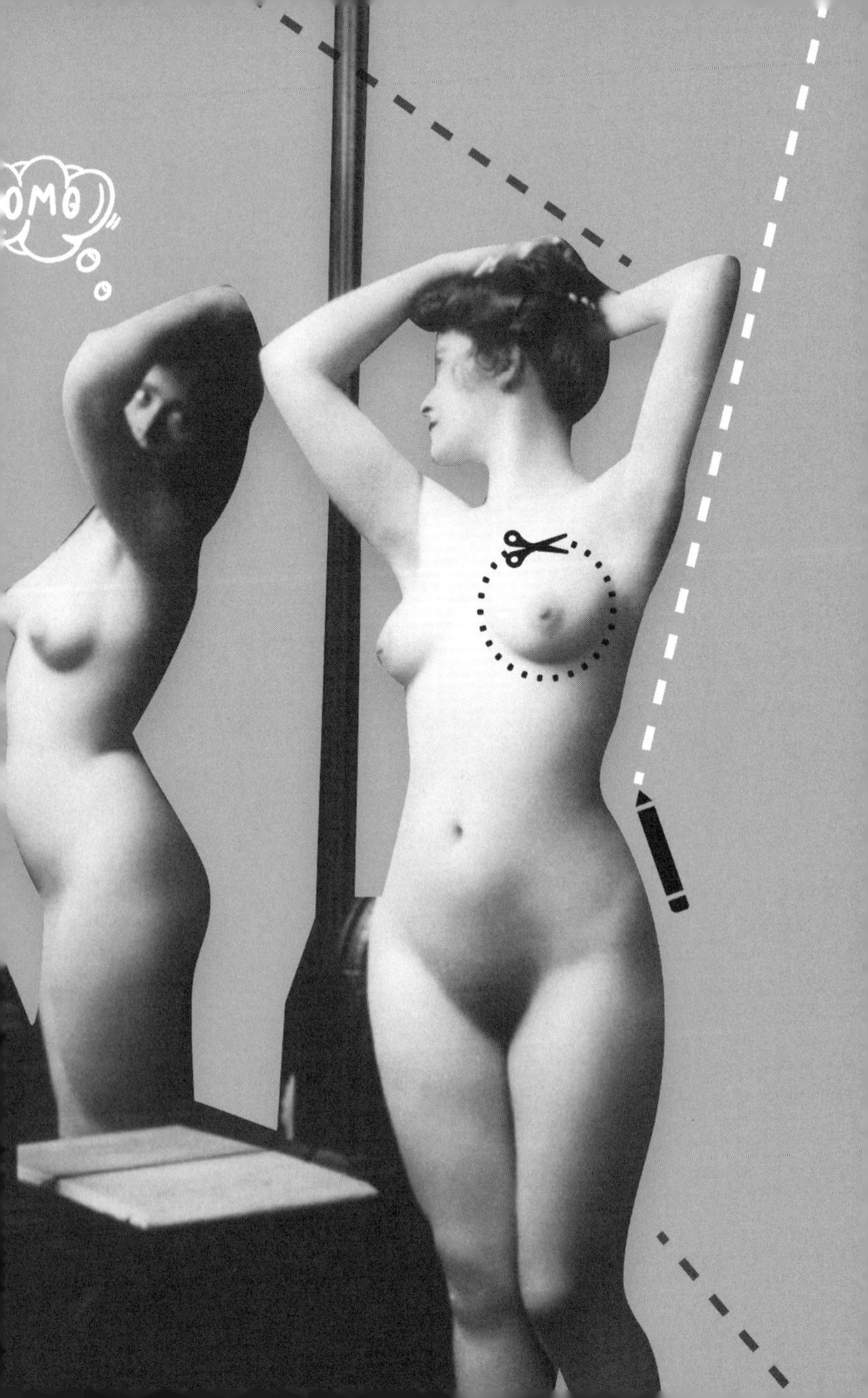
OMG

## ◆現代的な身体の独自性とはなんだとお考えですか？

現代的な身体は、つくりだすことができるという点に独自性があります。わずか数十年ほど前からですが、身体は「変形可能」になりました。「開かれた」存在となったのです。ゲノム（訳注／生物のもつ遺伝情報の総体）は解読され、身体の「内部」はかつてないほど「調べられて」います。身体は移植を受けたり、人工器具を装着されたりしています。もはや「体を飾る」のではなく、修理し、成形し、修正できるのです……。こうしたつくり替えは、身体という物質自体にしっかり根を下ろしています。つくり替えとは構築であり、幻想であり、病気と死を身体から遠ざけようとする計画です。はかなく消える身体、プラトンが墓とみなした身体に対抗するものとして、理性的で、知識を備え、意思をもち、創造され、自然と偶然から解放された身体があるのです。長寿はひとつの規範となりつつあります。この観点に立つと、現代の身体は投資対象であり、資産なのです。ここで優先されるのは、個人がその姿勢（きちんと食べる、過度に喫煙しないなど）に応じて報われ、あるいは罰を受けるという考え方です。うまく老いるか、そうではないかということですね。新キリスト教的な罪を復活させる、ある種の「最後の審判」が実施されるわけです。しかし、成功すること、上手に老いること、「最善をつくす」ことによって何が保証されるのでしょうか？

◆美しく健康な身体はどのようにつくりだされるのでしょうか？

より若く美しく、病気を軽減してより健康になる能力がどんな人にも備わっているというのが現代の考え方です。高性能な身体をつくりだす場合には、次の三つにもとづいて準備が行われます。その三つとは、私が「医学・スポーツ的」と呼んでいる枠組みに従って、きちんと食べること、自分の健康に気をつけること、運動をすることです。メディアに流布している医学の話題は、定言命法（訳注／カントの道徳哲学における、前提条件のない普遍的な命令）を示しています。医者は新たな道徳家となり、「良き生」を決定するのです。

「もっと運動しなさい」「一日に五種類の果物と野菜を食べなさい」といった啓発的な予防手段はすべて、厳密にいえば国家によるこの医学・スポーツ的要請にもとづいて行われます。またこの要請は、個々人への推奨項目を掲げる集団的命令にもなっています。もはや治療するだけでなく、養生すること、つまり健康を保つ計画を個別に遂行する必要があるのです。

◆自分自身の創作や創造性を重視する社会では、ファッションや美への執着心といった規範の影響力をどのように理解すればいいですか？

服や化粧品など、目の前に示される商品が無数にあるなかで、だれもが「自由に」自分をつくりだし、演出し、選べるといわれています。逆説的に、明らかに「選ぶ」ことを不可能にするプレッシャーも働いています。ほっそりした身体、美しい肌、引き締まったシルエット、健康な身体こそが、集団内で承認され、社会的価値を得る秘訣でありつづけると踏まえたうえで、自分を「喜ばせる」べきなのです。個人主義と規範を結びつけるのは、罪の意識です。私たちは、自分の身体が失敗し、病気になり、美しさを失ったとき、罪の意識にさいなまれます。ジャン゠ポール・サルトルの思想を思い出してみましょう。自由があるから責任が生じるのであり、したがって過ちを犯す、つまり罪の意識を感じる可能性があるのです。罪の意識なくしては、個人主義は、規範の適用、つまり集団的勧告とともに自分自身をつくりかえることとは両立しません。

## ◆つまり、身体との現代的な結びつきには一種の自己喪失が見られるということですか？

# 現代の身体は投資対象である

医学の進歩には期待できますし、生活の質も明らかに向上しています。医学の新技術によって、さほど苦しい思いをせずに長く生きられるようになっています。これは潜在的には自由を獲得したということになります。しかし同時に、身体の満足感の追求には、スポーツ面での努力、繰り返されるダイエット、外科手術といった苦しみもついて回るものです……。「耐え間なくつくり替える」ことで、身体は中毒におちいるほど無限に改良できるように見えてきます。そうなると、個人主義はもはや快楽主義と同等ではなくなります。ある種の自己喪失もあるかもしれません。「なんとしても楽しむ」時間と「だれもが自分の好きなことをする」

時間は、成功した人生という強迫観念と結びつきます。その結果、多すぎる選択肢、矛盾をはらんだ大量の課題、アイデンティティに関するあまりに多くの問題を前にして、その過剰さに吐き気を覚えるようになるのです。

聞き手　フロランス・モト

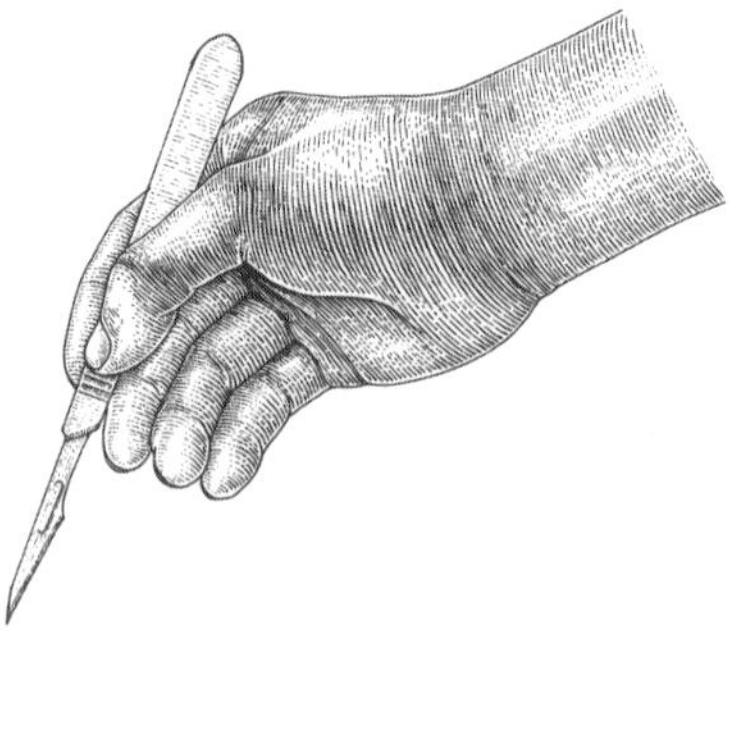

# Peut-on aimer en dehors de la beauté ?

## 美しいもの以外を愛せるか？

リュボミール・ラミ

パリ大学
社会心理学教授

「とびきりの美人から解放されたいと願うのなら、
とびきりの美人以外とは結婚しないことだ」

サシャ・ギトリ『エル・エ・トワ（Elles et Toi)』一九四六年

現代では、美しさとは表面的な基準のように思えるかもしれない。女性が見た目で判断されたり、あまりにも完璧で、まるでコンピューターで画像処理したのかと思えるほど優れた容姿の女性との不利な比較をいやおうなく強いられたりすることで受ける圧力を、フェミニズムが強力に糾弾する時代なのだ。女性の容姿だけに注目すると、その才能も能力も見えなくなり、女性の自尊心を傷つけることにもなる。

特に恋愛面では、美しさは恣意的なものに思える。美しさとは恋する人の目のなかにあるものではないのか？　この問いに対して、進化論的心理学は、とりわけ女性に関しては、美しさの基準が健康と多産の指標とほぼ一致しているという答えを提示する。

## 男性は愛する理由を知らない

すべては、まるで、私たちが潜在意識のイメージという形で、完璧な美の原型を思い描いているかのように起こる。近年のある実験では、通常の写真、ピントのはずれた写真、コントラストの弱い写真や一部が隠れて見えない写真を用いて、顔の魅力を比較した。[1] その結果、画像の悪い写真の顔のほうが魅力的だと思われることがわかった。その第一の理由として、よく撮れている写真では肌と顔の一般的な欠点(たとえば皺など)が見えてしまうという点が挙げられる。だがそれ以上に、ぼやけて見えにくい顔や、判別しづらい顔、部分的に隠された顔には、これまで見てきたあらゆる顔と無意識に比べる完璧な顔のイメージを投影できるので、自由に想像できる余地が増えるからだ。

また、顔と身体が美しいという印象をもたらす客観的基準を把握することもできる。なかでも、対称性は重要な基準のひとつである。女性に関しては、若々しさや、さらには子どもっぽさ(大きい目など)を思わせる特徴、その表現力(満面の笑み、感情豊かな瞳など)も決定的要因となる。これも女性の場合だが、WHR(ウエスト・ヒップ比)が〇・七に近いほど美しいと判断される。

容姿の美しさの基準は気まぐれとはほど遠く、実際には健康指標、成長過程で正常に機能する免疫システム、遺伝的遺産の質にある。具体的にはWHRの場合、数値が上がる(一に近づく)と、高血圧、心血管障害、ある種の糖尿病、乳がんなどの病気や、さらには若くして死ぬ危険が高まる。[2] 進化論の信奉者はこの機会をとらえて、女性が美しく見える基準は進化を通して形成されてきたと説明する。高いWHR値と一部非対称的な特徴をもつ女性を選んだ男性は、劣った遺伝子を受け継ぎ、寿命がより短い子どもを授かるリスクが高かったのだ。こうして、このタイプの女性の魅力に対応する遺伝子はしだいに消滅していき、長生きの見込みがきわめて高い子どもを産む適性を示す容姿の女性に心ひかれる男性しか残らなくなった。

しかし、美的な好みが時代の流行によって変わることから、美しさの文化社会的モデルは総体的な認識を表しているともいえる。現代の拒食症ぎみのモデルたちと同様に、一七世紀の画家ルーベンスが描くような肉付きのいい美女がもてはやされた時代もあったのだ……。

## 女性の美しさは男性の社会的成功と同等である

### 美しい女性は裕福な男性と結婚する義務がある

恋愛におちいる出会いの条件として、従来の考え方では女性の美しさ――男性の美しさよりも広く共感を得ている認識として――と、男性の強さ、エネルギー、支配的性格が強調されてきた。また、社会心理学におけるさまざまな実験によって、女性の美しさはある意味で、男性の社会的成功と同等であることが証明されたと考えられてきた。

結婚市場では、さまざまな属性が社会的な望ましさの一般的基準となり、社会的に評価の高い特徴もあれば、ときにはたがいに補い合う特徴もある。美しい容姿、立派な職業、優しい人柄、知性、芸術的才能などを示せば、愛される魅力をさらに高めることができるだろう。だが、こういった美点をすべてもち合わせた人などほとんどいないことを考えれば、愛する相手の選択においては妥協するしかない。「同世代でいちばん才能がある人ではないけれど、でも彼は少なくとも私のしたいことをさせてくれるし、私の望むことをしてくれる」(自分が自主性を保て、相手には能力があるという動機)。

「彼女は絶対にミス・ユニバースには選ばれないだろうな……でも巨額の資産の相続人だ」（口には出せない動機）。基本原則は、関係の安定を保証する対等性にある。どちらかが相手より多く与えれば、対等性が失われて否定的な感情が引き起こされ、**少なくとも**、ふたりのうち美しくない側がより強い愛情を相手に注ぐことでなんとかバランスを取ろうとするという状況を招く。

こうした考え方の枠組みにおいては、ある男性がたいへん美しい女性の夫であると参加者に信じさせれば、参加者はその男性に関して、個人としても職業面でもより高い資質があるように思い込むことが実際にわかっている。その男性について、ほかの人より感じがよく、友好的で自信がある人だとみなし、立派な仕事に就いていると考えるのだ。オンラインの出会い系サイトでは、女性のプロフィールに寄せられるメールの数は、その女性の美しさに左右される。だが、男性の受け取るメールの数はその収入に比例する。また、愛する相手、つまり理想のパートナーの選択における優先事項について質問されると、男性は女性と比べて容姿の美しさにより重きを置いているのに対して、女性は、将来の夫の職業を最も気にかける。

## 理想へのあこがれは止められない

したがって、長い間、いちばん美しい女性がいちばん裕福な男性と結婚するという現象は、統計的に確立されたものとみなされてきた。だがそれは幻想にすぎない。[3] 現実には、最高の美女が金持ちの男性と結婚しても、それは統計的に見て金持ちの男性が総じて美形だからであり、そして魅力的な容姿をもつ人たちは惹かれ合う傾向があるからだ。美しさが常に過大評価されることを忘れてはならない。最も美しい人たちはだれよりも温かみがあり、社交的で、謙虚で、思いやりがあり、情緒が安定していて、自信に満ち、説得力があるとみなされる。友人の数も多く、立派な仕事、成功した人生、幸せな結婚を手にしていると思われている。そういう人たちは、周囲の目によって絶えずポジティブな面が強化されていく。援助の手はさらに惜しみなく、学校ではさらに注目され、さらなる成功を期待され、試験の解答はより過大評価されるのだ。そして若く美しい女性は、雇用されやすい……。しかし逆に、醜い人に対しては反社会的傾向を当てはめようとする。つまり、美しい人は特別扱いの対象となる。周囲はそういう人を無数の美点で飾り、本人とその将来を信じて、それに応じて行動する。最終的に美しい人は成功しやすく、社会階層を簡単に駆け上がる。私たちは、美しい人を信頼するが、それほどではない人の場合、信頼に値する人物だということを本人が証明してくれるのを待つことになる。

結局、最も美しい女性は、社会というピラミッドのなかで最も高い位置にいられる最も美しい男性と結婚するのだ。逆に女性の美しさは、皮肉にも男性の物質的成功と「交換される」――それどころか引き換えに売られる――可能性もあるという社会通念は、数々の状況で確認されている事実である。とはいえ、こうしたケースは統計による法則に仕立て上げることはできない。たいていの場合、たしかに美しさは重要だが、関係が深まるにつれてすべては相対化されるからだ。

## 美しさだけでは十分でない

相手の見事な容姿に感銘を受けたのに、その後、会話の凡庸さと目的の卑俗さにひどく失望したことのない人などいるだろうか？　すべての条件が同じだとすると、男性も女性も美しいパートナーを手に入れたいと願う。だが現実の出会いの場では、理屈のうえの選択や、社会心理学における圧倒的多数の実験で用いられる写真によるシミュレーションとは逆に、選択の基準はおとぎ話やテレビドラマとは違ってくる。たとえば、**お見合いパーティー**では、ちらりと見ただけの相手とあらためて会いたいと思うかどうかは、先に述べた理論上の選択基準とはほとんど関係ない。男性の実際の選択は、必ずしも美しい女性には向けられず、女性の選択も社会的地位のある男性に向けられるばかりではない。さらには、冷静で理性的な選択の論理が感情によって乱されるために、なおのこと、現実の状況で何が自分たちの好みを左右しているのかを互いにほとんど意識していない可能性が非常に高い。視線やほほえみ、声の調子によって一瞬の胸の高鳴りを感じると、理想の相手についての私たちの確信は輪郭を失い、消えてしまうのだ。

そのうえ、私たちの頭のなかでは自分より美しいパートナーの姿が大きな位置を占めている。だが現実には、美的レベルが自分と同程度の相手を選びがちだ。言葉による愛の告白以上に、恋愛の話題が生まれるかもしれない状況での男子学生の行動に興味を抱いた研究者たちがいる。[4] 彼らの実験では、男子学生（恋人がいない）は「現代の学生の日常生活と嗜好」の研究に参加していると思わされている。映画の好みと外出について、恋人がいないと紹介された女子学生を相手に一対一で五分間会話をしてもらい、その会話の様子が撮影された。すると、相手の気を引くこともできるこの状況で、パートナー候補に対する本気の働きかけ、つまり、熱のこもったふるまい、会話に対する興味の表れ、積極的な自己表現――などは、最も美しい女子学生にではなく、美的レベルが自分と同程度の相手に向けられた。この現象は男性に特有のものだった。女子学生はより慎重にふるまい、最初のやり取りでは自分の恋愛面の好みを示すことはなかった。

## 愛される者はみな美しい

肯定的な錯覚は、カップルでの生活における基本原則のひとつである。最も幸せで安定しているカップルとは、批判的な目で見るとまったく気づかない数々の長所を相手に見出すことのできる人たちだ。美徳と美しさを思い浮かべることで、パートナーの価値と、ふたりの関係そのものの価値に対する認識を保てるのである。容姿については、自分自身が美しいと判断するレベルや、外部の

人たちから見たレベルに比べて、男性も女性も相手の美しさを過大評価している。自分はパートナーより美しくないと思っているが、第三者の目には、ふたりの美的レベルは似たようなものに見える。パートナーはその人を過大評価しているとだれもが思っているが、本人は自分自身を過小評価しているのだ。パートナーが自分を美しいと思ってくれていると信じることで、愛情についての安心感が増す。反対に、パートナーに自分がさほど美しくないと思われているのではないかと心配する人は、相手が別の人に目を向けるのではないかと恐れている。

　パートナーを理想化できる人の愛情がより強いことはあっても、美しい人に向けた愛情が他の人に向ける愛情より多くなるということはない。最も美しい人が、他の人たちよりたくさん愛されるわけではなく、他の人たちより多くの愛情を与えるわけでもない。美しいから愛されると思うのは幻想である。美しい女性は他の人より望まれ、求愛される。美しい男はより多くの女性に囲まれる。だが出会って惹かれあい、結婚したカップルには、心地よく感じる外見の裏に何が隠れているのかを知る時間がおそらくあったはずだ。容姿が内面の長所を表すのでなければ、容姿だけで長期間愛されつづけることはない。そもそも内面の長所は、出会った頃には気づかないものなのだ……。

　美しいから愛されるという幻想が時とともに消えてなくなる一方で、結婚のきずなの強さとパートナーの美しさへの幻想との関係はどんどん強まっていく。[5] 年老いて、美貌が少しずつ劣化していくにつれて、カップルは相手の美しさへの幻想にしがみつくようになる。目が見ようとしないことを、しだいに内なるまなざしで補っていくように思える。もはやだれにも見えなくなった美しさに対する認識を維持するには、おそらく深い愛情が必要にちがいない。

# Beauté, laideur et vie professionnelle

## 美と醜さと職業生活

ジャン=フランソワ・アマデュー

社会学博士、経営学アグレガシオン（訳注／高等教育教授資格）取得
パリ第一パンテオン・ソルボンヌ大学経営学院教授
差別観測センター創設者

肉体的外見が仕事におよぼす影響力はとりわけ強いが、今なお、それは当然のことで、むしろ望ましい現象だとみなされている。雇用主であれば、たとえフランスの法律で禁止されていても、顔や体型がさほど魅力的でない人より美しい人を受付嬢に採用したいと思うだろう。美しい人の優遇、そして醜い人の排除は目には見えないものの、受容され、正当化されている。このように、就職や昇進における差別は国際的な協約で認められた基準ではないが（国際労働機関による調査、ヨーロッパ）、フランスではベルギーと同じく例外的に、二〇〇一年から身体的外見が差別の動機になると定められている。この法律の採決時に取り上げていたのは移民出身の人の外見だったが、いずれにせよ美しさと醜さの問題はフランス法に組み込まれているのだ。たとえば、アメリカでは身長と体重の基準に関する法律をもっているのはごくわずかな州に限られる。ヨーロッパでは近年になって肥満の問題（障害とみなされている）がようやく意識されるようになった。事実、フランス人の半数は、体重、さらには容姿の魅力の欠如を理由として、採用志願者を不採用にしてもよいと考えている（権利擁護機関調査、二〇一六年）。フランス人の一〇人に六人は化粧も採用拒否の動機になると考え、また一〇人のうち四人は身長が志願者拒否の正当な理由になると考えている。実際に外見や衣服、化粧、アクセサリー、靴のヒールの高さなどで判断されるのは主に女性であることから、男性は外見の美しくない人への差別を女性よりも受け入れやすい。

長い間取り上げられることもなく、現在でも世論調査や研究の対象から外されがちだが、美しさと醜さは、実は職業人としての将来を左右する重要な変数なのである。

## 雇用の機会不均等

他の国々でもそうかもしれないが、フランスでは、求職者が差別の被害者となる二大理由は年齢と身体的外見である（権利擁護機関・イフォップ社（訳注／フランス世論研究所）調査、二〇一五年）。職探しにおいては、年を取っているのはよくないことなのだ！ 二〇〇八年以降、五〇歳以上の求職者数は若年層に比べて増加している。その理由のひとつに、美しさが若さと密接に結びついていることが挙げられる。仕事の内容が顧客を引きつけること（特に販売員、ウェイター、受付など）であれば、若者のほうが好まれる。こういう仕事では、過体重や肥満であるより痩せているほうがいい。この差は決して小さくない。受付の仕事では、似たような履歴書の場合、スリムな志願者が採用担当者から前向きな結果をもらえる見込みは年配女性と比べて四倍、過体重の人と比べて六倍高い。たとえ従業員を探すのに苦労していたとしても、雇用主は過体重の人や年配の人を避ける。

多くの従業員からすると、接客の仕事に採用されるうえで、美しさは何といっても重要な要因である。二〇一八年に実施されたフランスの世論調査会社ソフレス社とメデフ社の共同調査では、四三パーセントが実際にそう答えている。また、採用担当者の一〇人に六人が、接客の仕事においては美しさが不可欠だと考えている。だが、この調査にはさらに憂慮すべき結果が見られた。顧客とは直接接触しない職種であっても、採用担当者の四〇パーセントが志願者の美しさを決め手にしているのだ！ そして、フランス人の八一パーセントは「外見がさほど好ましくない人は採用される見込みは美しい人と同程度ではない」と答えている（ソフレス社調査、二〇〇三年）。

美しさはなぜ、これほどまでに採用担当者の目を引くのだろうか。ブティックの顧客や自動車見本市の来場者がセクシーな人物の魅力に敏感だからだけではない。さらにふたつ、大きな理由がある。まず、美しい人にはさまざまな資質が投影されている。そして美しい人は、採用に携わる相手を直接魅了することができるのだ。

## 美しい志願者の属性

まず、美しさの力は、私たちが自分でも気づかないうちに、美しい人にはみな数々の美点があり、逆に容姿の醜い人には数々の欠点があると思い込んでいることから生じる。こうしたステレオタイプは科学者にはよく知られているが、採用担当者は、自分たちの決定に計り知れない影響力があり得るという点をさほど深く意識していない。履歴書の写真やインターネットのウェブサイト、面接などで目にした美しい顔は、ものの数秒で「社交的、知的、勤勉、感じがいい、創造的、仕事をやりとげる、幸せそう、興味深い、感情面で安定している、責任感がある、誠実……」という美点の一大リストと自動的に結びつけられる。肌があまりきれいでない（シミやニキビがある）場合、志願者は気が弱く、信頼が置けず、不健康で、成功も見込めず、幸福でなく、当然ながらあまり魅力的ではないとみなされる。別の例として、完璧に並んだ白い歯をもった志願者は、そうでない志願者の二倍知的に見える。さらに、化粧している女性はより魅力的に見える――この点に驚きはない――ばかりか、感じがよくて有能な人とみなされるという研究結果もある。さらに美しい人は健康だとみなされることも付け加えておきたい。この要素は、漠然と、あるいは意図的に採用において重要な役割を担いつつある（女性は男性の美と健康、身長と魅力を結びつけることが多い）。小柄で華奢な男性や肥満体型の女性はこの点で不利になる。

結局、美しさとは、だれもがうらやむ社会的地位にある人特有のものだ。統計によると、管理職と経営者は労働者より背が高く、身体という資産を手入れしていて、太っている人はほとんどいない。王子様とお姫様は美しいが、召使たちの外見は普通以下という子ども向けのおとぎ話は、私たちひとりひとりに美しさと社会的地位が密接に関連するという考え方を植えつけた。そう考えると、リーダーとしての能力が長身のハンサムな男性に与えられていることは驚くには当たらない。

## 美しさと職場恋愛

こうした状況においては、美しい人が優遇される話など聞いたこともないという採用担当者ならば、**なおさら**その影響を受けずにいることは難しい。なにしろ、採用にあたる担当者も幹部も経営者も、志願者の魅力に鈍感ではいられないはずなのだから！

採用担当者はよく、面接はひとつの出会いの場であり、主観的側面が大きく、**フィーリング**が重要不可欠であり、第一印象が大事だと語る。必然的に、美しい人は他の人より望まれ、とりわけ醜い人が排除される可能性が高くなる……。採用担当者にとっては、その人を自分の同僚にしたりチームに入れたりしたいかどうかが明確な基準なのだ。美しい人に惹かれるのは、その存在、友情、ひいては愛情を求めていることを意味している。事実、職場の人間関係では、友情だけでなく性的関係も生まれる。職場恋愛の経験がある従業員の割合は、フランスでは約三分の一（オピニオンウェイ社調査、二〇一一年）、アメリカでは四〇パーセントである。すでに採用面接の場で、性的魅力はその影響をおよぼす。男性の採用担当者のうち七五パーセント、女性の担当者の四八パーセントが、志願者の容姿が自分にとって好ましいことは重要だと答えている。また、男性の採用者の六四パーセントは志願者の女性と肉体関係をもってみたいという欲望をすでに抱き、志願者の男性を前にした女性の採用者の場合、その割合は三〇パーセントだという（Ａｐａ社調査、二〇一六年）。

したがって、職を獲得するうえで、顔であれ、身長であれ（小柄な男性は好まれない）、あるいは体重であれ（女性はたいていこの基準で判断される）、美しさは決定的に有利となる。しかし美しさの力は、単に履歴書の送付時や採用面接にかぎって行使されるわけではないのだ……。

## キャリアと給与

フランス人の半数が「仕事では肉体的な切り札が必要」だと考え、女性の四人に一人は「女性は魅力がなければ絶対に成功できない」と考えている（ソフレス社調査、二〇〇三年）。事実、職場での昇進は完全に美しさの度合いによって変わってくる。フランスでは、小柄な男性は美の基準への適合度が低く、女性の目にはさほど魅力的に映らないため、その学歴（往々にして短いが）に関係なく、総体的に他の男性より給与が低い。背の高い営業担当者が高給を取っている国は多い。過

体重の女性は職探しに苦労し、報酬も低い。だが同時に、フランスの貧困層には過体重の人がますます増えている。一方で、美しい人は他の人より高給を得ている。アメリカでは、労働経済学者のダニエル・ハマーメッシュが、美しさの優遇によって受けられる給与は、醜い容姿の人が受ける給与より一七パーセント多く、学歴にして二年分の差に相当すると算出している。イギリス、スペイン、中国、オーストラリア、カナダ、韓国をはじめ、多くの国でこうした優遇が見られる。そのうえ、化粧、ヒールの高さ、バストのサイズ、金髪の色合いなど、女性を（性的な意味で）より美しくする要素はすべて、往々にして給与になんらかの影響を与えている。美しさ、またの名をエロティックな資産は、実際に収益をもたらすのだ。赤い服を着たバストの豊かなウェイトレスがチップをいちばん多くもらえるのも、また美人弁護士が他の弁護士より高収入を得ているのも、アングロサクソン系の弁護士事務所で七センチのハイヒールが必須アイテムとなっているのも、この法則の表れである。

## 職を失う

日々の仕事において、身体的外見は重要な役割を果たしている。実績の評価は完全に客観的というわけではなく、採用時の評価とまったく同じように偏見がある。またしても、美しさや醜さが働きぶりについての判断を狂わせてしまうのだ。ハロー効果（訳注／人物評価において、ある特徴が別の特徴の印象を左右すること。後光効果ともいう）によって、履歴書の内容がどうであれ、美しい人は、採用時から有能で前途有望な人材であると思われるように、職場でも優秀な働き手とみなされる。たとえば、学生が教授を評価する際には（多数の国で実施されており、フランスでも数年前から広まっている）、美しい教授に最高点がつけられる。女性教授ならなおさらだ。論理的に考えて、若い教授は同じ理由で四五歳以上の教授より高評価を得る。ただし、四五歳以上であっても美しい場合や、学生に甘い点をつける教授は別だ！

自分たちの働きぶりが評価されるこの新方式が将来の自分たちに何をもたらすのだろうと不安に思っているのは、美の基準をはずれた年配の教授だけではないだろう。フランス企業においても、老いと肥満は社員を大いに脅かしている。職場でいちばん恐れられているのは年齢による差別だが、次に身体的外見への差別が挙げられている（ソフレス社・メデフ社による指標、二〇一九年）。懸念されているのは業務における疎外、そして解雇だ。容姿を理由にいやがらせを受けたり見下されたりしている（これが最大の動機だ）人にとって、職業生活は必ずしも楽ではない。魅力のある人たちには関係のないことだと思われがちだが、職場のセクシャル・ハラスメントを忘れてはならない。女性のうち一〇人に六人は、拒否しても執拗に言い寄られるという被害を受けており、そのうち一二パーセントの女性は仕事に関連して脅されたことがあるという。職業生活において、一般的には美しさは確実に有利なのだが、ときにはキャリアの妨げとなったり（「美人で頭が悪い」という偏見など)、さらには同僚や上司との関係が複雑になったり(嫉妬、いやがらせなど)する場合もある。

## 外見に対するフランスの従来の判断基準、そしてインターネット

フランス社会が外見に執着すればするほど、身体的外見が与える影響は強くなる。就職活動には写真を添付した履歴書(とりわけ管理職の場合)が必要だが、アメリカ、カナダ、オーストラリア、イギリスなどにはこの慣習はない。またフランスの雇用者は、志願者の年齢や他のさまざまな情報も重視しているように思われる。インターネットや採用に関するソーシャル・ネットワークは何を変えるのだろうか? 明らかに、外見のもつ影響力は強くなっている。従業員の画像や動画は、フェイスブックや、ビジネスに特化したソーシャル・ネットワークであるリンクトイン、ビアデオなど、いたるところにある。たしかに、フランス雇用局への登録者のうち、二〇一六年にビジネス向けソーシャル・ネットワーク経由で職を見つけた人はわずか二パーセント、二〇一八年には管理職のうち八パーセントにすぎなかった。だが雇用主は、志願者や従業員の情報を入手するため、検索エンジンをますます利用するようになっている。インターネット上で収集されたイメージには影響力がある。それはもはや志願者の写真にとどまらず、その人のさまざまな関係を示す写真もクリックひとつで手に入る。志願者の名前さえわかれば十分であり、雇用主は履歴書にほどこされた無個性化という処理に決然と闘いを挑むことができる。さらに気がかりなのは、志願者の撮影した動画

をもとにして、アルゴリズムが自動的に顔画像分析を行える点だ。この分析では、身ぶり、顔の造作、表情などを利用して、たとえば知性やストレス耐性などを推測できる。こうして徐々に、従来の履歴書は動画での履歴書に、対面形式の面接は録画の映像に置き換えられるようになる。必要となれば、こうした慣習が、採用における身体的外見の影響力をさらに強めていくのは明らかだろう。

# BEAUTÉ ET LAIDEUR. APPROCHE EN DROIT DE LA NON-DISCRIMINATION

# 美しさと醜さ
## ――差別禁止法にもとづくアプローチ

ジミー・シャリュオ

法学博士（公法学）
アンジェ大学研究教授

美しさ(およびその反対の醜さ)にまつわる一見深みのない問題は、明確に識別された、または識別可能な法的概念を扱い慣れている法学に難題を突きつける。無自覚な認知バイアスの適用によって、人の美しさまたは醜さを考慮するという理性の支配を受けつけない行動を、法律を用いて理解しようとするのは、往々にしてどうしようもなく不毛な行為といえるだろう。事実、美しい人に対しては、社交的、知的、有能、さらには熱意があるといった長所を無意識に結びつけてしまうことが多くの研究で示されている。同様に、美しいと判断される従業員は平均よりかなり高い給与を得ていると思われる。さらに驚くべきことだが、裁判では醜いとみなされる人に対してより厳しい刑が宣告され、美しいとみなされる人が被害者だった場合、より手厚い保護を受けられることが証明されている。

結局のところ、無意識に一貫性を追い求めようとすると、美と真と善の観念を結合させたプラトン的理想主義の追求になってしまう。ヘーゲルも次のように述べている。「美と真実は唯一にして同一である」(『美学講義』、一八三二年)。したがって、法的規範は、ひとりひとりが他人をどう見るのかを踏まえて統合され、一般化される社会規範に突き合わせて構築されている。差別禁止に関する二〇〇一年一一月一六日法により、「身体的外見」に対する差別の基準がフランス法に追加された。それ以降、この基準にもとづいて、ある人が他の人と同様の状況において不当な扱いを受けている状況を差別であるとみなすようになった。

## 「身体的外見」をどう定義するか

身体的外見にはふたつの意味がある。まず、狭義には個人の肉体的・身体的全体性に関する特徴の認識（先天的異常、身長、体重、顔立ち、表現型など）、そして広義には、その人の個性の表現に関する要素（髪型、ひげ、ピアス、タトゥー、服装など）を指す。

フランスを除いて、ヨーロッパで自国の法律に「身体的外見」という基準を組み入れた唯一の国であるベルギーでは、狭義の定義を採用しているようだ。差別撲滅活動を行うベルギーの公的機関、Ｕｎｉａ（機会均等のための連邦間センター）は、この基準が「生まれながらの特徴、あるいは個人の意思とは無関係に現れた特徴（例として、あざ、火傷、外科手術の傷痕、切断など）」に帰され、「社会公共的な状況でその個人が非難を受ける、またはその可能性がある」と予想される特徴を指すと明記している。したがって、「タトゥー、ピアス、髪型、またはこれに類する他の特徴」はこの定義から明確に除外される。

フランスでは、この基準が記載されている文脈から見て、二〇〇一年法の起草者もまた狭義の意味として理解しているようだ。あるキャビンアテンダントの女性が、規定の制限体重に関してアメリカの航空会社に異議を申し立てた事件が引き合いに出された後、この法案にまつわる議論はたちまち「容貌による差別」に集約された。当時のメディアで取り上げられていた事件における、差別による被害についての議論だ。たとえば、ＡＮＰＥ（国立雇用紹介所）の求人情報には「求人対象――白人」と明記されているものもあった。また、チーズ店の屋台を取りしきっていた女性販売員は、「売り場のイメージに肌の色が合わない」という理由で解雇された（国民議会、二〇〇〇年一〇月四日付報告書番号二六〇九）。そこで、立法機関は当初、西洋的な美しさ、つまり白人の美しさという単一の社会的見解を破壊するためと言わんばかりに、身体的外見に人種というデータを付け加えた。身体的外見の基準は、こうして肌の色を理由とする差別を防ごうとする意志から生まれたものなので、**基本的に**「差別を受ける外見」にのみ帰されるものとして厳密に理解されなければならない。さらに意義深いのは、国際法およびヨーロッパ法が「色」という基準をすすんで用いている点だ（市民的及び政治的権利に関する国際規約第四条、人権と基本的自由の保護のための条約第一四条、欧州連合基本権憲章第二一条など）。

そもそもフランスの裁判官は、立法機関の望む狭義の解釈を採用しているように思われる。たとえば、適切な髪型と服装の強要に対して、身体的外見による差別とすることを拒否している（ナンシー控訴院（訳注／日本の高等裁判所に相当）、二〇一三年二月六日付判決、訴訟目録番号一二／〇〇九八四）。また、この基準にもとづく差別に関して、破棄院（訳注／日本の最高裁判所に相当）に申し立てられた件では、ウェイターが勤務中にイヤリン

グをはずすことを拒んで解雇された問題が審理され、「従業員の性別に関する身体的外見」にもとづく差別であるとされた（破棄院社会部、二〇一二年一月一一日付判決、訴訟目録番号一〇－二八二一三）。イヤリングを身体的外見の演出手段とみなしたうえで、美的な演出が問題となっている場合、狭義の解釈では不十分であることをより明確に示すため、裁判官はこの解釈を性別と関連づける必要性を感じたのだと思われる。

## 自由のバランスを求めて

とはいえ、一見すると狭義に思えるこの解釈の採用は、「選ばれた外見」に関する特定の要素を考慮する行為を裁判官が罰することができるという意味ではない。ケースバイケースで、またファッションと社会のルールの変化に従って――美しさの基準は時代によって移り変わるものだ――裁判官は身体的外見への合法的な配慮と、差別禁止法と個人の自由に照らして罰すべき違反との適正なバランスを追求している。法律では、こうした利益のバランスを次のように説明する。フランス労働法第L一一三三－一は「同法第L一一三二－一（差別禁止）は、従業員の扱いの違いが、職業上の不可欠かつ決定的な要求に応えるものであり、その要求の目的が法にかなっていて、要求のバランスが取れているかぎり、その違いを妨げるものではない[1]」ことを想定したうえで、より一般化して「何人《なんぴと》も、他人の権利および個人と集団の自由に対して、達成すべき職務の内容によって正当化されず、求める目的につり合ってもいない制限を課することはできない」とみなす同法第L一一二一ー一を追認している。

この点で、裁判官による審査の詭弁を示す判例がある。補足的疾病保険（訳注／いわゆる民間健康保険）会社の雇用主が営業アシスタントの女性に体重を減らすよう命じたことは、身体的外見を理由とする差別の構成要素である（ドゥエー控訴院、二〇一二年四月二〇日付判決、訴訟目録番号一一／〇二九〇）。だが、パリの有名なキャバレー〈ムーラン・ルージュ〉のレビューダンサーの女性が職務で要求される美しさの維持を怠った件については、差別とはならない（破棄院社会部、二〇一四年三月五日付判決、訴訟目録番号一二ー二七・七〇一）。さらに、顧客担当者が半ズボンとビーチサンダルを身につけることは法律で禁止できるが（シャンベリー控訴院、二〇一二年八月三〇日付判決、訴訟目録番号一一／〇二一九八）、雇用主はジーンズとブーツ姿で顧客訪問した女性工学技術者を解雇することはできない（パリ控訴院、二〇〇八年一〇月九日付判決、訴訟目録番号〇六ー一三五一一）。ヘアスタイルに関しては、携帯電話会社の男性営業担当者が、髪を切ろうとせずポニーテールに結っているという理由で昇進を拒否されるのは不当だが（レンヌ控訴院、二〇一一年一〇月一二日付判決、訴訟目録番号二〇一一ー〇三〇〇六六）、モヒカン刈りの頭で顧客企業のＩＴサービスを担当していたシステムアナリストの男性が解雇されたのは正当と認められる（レンヌ控訴院、二〇〇五年九月六日付判決、訴訟目録番号〇四ー〇〇五八三）。長距離バスの運転手が、ヤギひげを剃るのを拒否して解雇されるのは不当

## 裁判では醜いとみなされる人により厳しい刑が宣告される

だが（パリ控訴院、二〇〇四年三月五日付判決、訴訟目録番号〇二－三二九〇七）、ひげの剃り方がだらしない介護スタッフについては、要介護老人向け宿泊施設の内部規則に記載されている「身だしなみに最大限の注意を払うこと」という条項に身体的外見がそぐわないという理由で解雇されたのは正当と認められる（ヴェルサイユ控訴院、二〇一一年八月三一日付判決、訴訟目録番号一〇／〇三二六）。ピアスについては、地方の小さい田舎の村で写真を撮影するときに雇用主が女性研修生にピアスをはずすよう要求することは認められたが（ブザンソン控訴院、二〇〇九年一〇月九日付判決、訴訟目録番号〇八／〇一六八四）、鼻ピアスを理由にボウリング場の受付の女性を解雇したのは不当だとされた（メッス控訴院、二〇〇八年四月七日付判決、訴訟目録番号〇五／〇〇八〇八）。

こうした判例から、身体的外見にもとづく差別に関する裁判にはあまり一貫性がないことがわかるだろう。体系化しようとするどのような努力も困難であると思われる。それぞれの解決策は、対象となった職業、守るべき衛生面や安全面の規則、保つべき企業イメージ、美しさの要求におけるバランス、あるいはアンバランスさによって決定されている。

## 「身体的外見」の差別的根拠の目的とは？

ここまで、出身や人種という基準を補完するために身体的外見という基準が登場した背景について説明してきたが、次のような疑問が生まれていることだろう。すでに存在する他の基準に身体的外見を統合させることで、いったい何になるのか？　加齢による疲れた顔つきや、時代にマッチしていない顔を理由とする採用拒否には、年齢という基準を当てはめることができる。スカーフや、特定の宗教に結びつけられるひげ、目立ちすぎる十字架やその他の宗教的象徴には、宗教あるいは信仰という基準を当てはめられる。車椅子やあまりに目立つ人工装具には、障害の基準が当てはまる。それぞれの性別と結びつく従来の基準に当てはまらない態度や身ぶりには、性別またはジェンダー・アイデンティティという基準が当てはまる。さほど伝統的でない服装には、慣習という基準、あるいは差別禁止法の枠外では、個人の自由という制度が当てはめられる（労働法第L一一二一－一）。また、WHO（世界保健機関）に採択された健康状態の基準の定義における幅広さも、差別につながりかねない多数の状況を取り込むことができるだろう。「身体的、精神的、ならびに社会的に完全に良好な状態であっても、それだけで疾病や虚弱でないということにはならない」（WHO憲章前文）という定義によって、個人の感情という角度からもアプローチしたこの概念には、肥満、痩せ、身長といった問題をすべて包括することが可能なのだ。

　身体的外見の有用性に対する異論は、別の基準の選択が同じ程度、あるいはもっと適切であるにもかかわらず、身体的外見に独立性を与えた判例や、単一の適用で事足りたはずの別の基準と身体的外見を関連づけた判例の研究によってさらに強まっているようだ。たとえば、ポニーテールに結っていた男性従業員に対する

差別を説明するために、レンヌ控訴院が身体的外見の基準を取り入れた判例は先に挙げた。基本的にジェンダーのステレオタイプ化を告発したのだから、裁判官は性別の基準に根拠を置くこともできただろう。ほかにも、ヴェルサイユ控訴院は「雇用主の求めているのは若く快活な人物であると当該の女性従業員が当然ながら想像するにいたった人物」に限定した求人を断罪し、実演販売担当のその女性に対する「年齢と身体的外見を理由とする」差別だと認めた（ヴェルサイユ控訴院、二〇一四年五月七日付判決、訴訟目録番号一三／〇三七六六）。実のところ、この一件は「年齢」の基準のみに言及する代わりに、「性別」の基準に完璧に合致する潜在的な性差別に帰された。グルノーブル控訴院は、移行段階のトランスジェンダーであり、化粧をしてスカートとハイヒールという装いで出勤していた女性が、警備会社で警備員の配置の手配などを行う職を解雇されたのは差別だという判決を下した（グルノーブル控訴院、二〇一一年六月六日付判決、訴訟目録番号一〇／三五四七）。身体的外見と性別の基準に根拠を置く代わりに、裁判官は「性別」の基準（二〇一六年から「ジェンダー・アイデンティティ」となった性同一性の基準は、二〇一二年に初めてフランス法に明記された）を適用するだけで事足りたかもしれない。同じく身体的外見の優先性を示しているのは、ある女性従業員が「身体的外見（人種）」を理由に差別されたと認める判決だ（オルレアン控訴院、二〇〇六年五月一一日付判決、訴訟目録番号〇五／〇一一九五）。

人種差別、性差別、トランスジェンダー嫌悪を示す言動を断罪する際に、外見の基準を優先的に適用すると、「人種」「出身」「性別」「ジェンダー・アイデンティティ」という基準の法的効力は弱まる。事実、身体的外見にもとづく断罪の社会的影響は、人種差別や性差別、トランスジェンダー

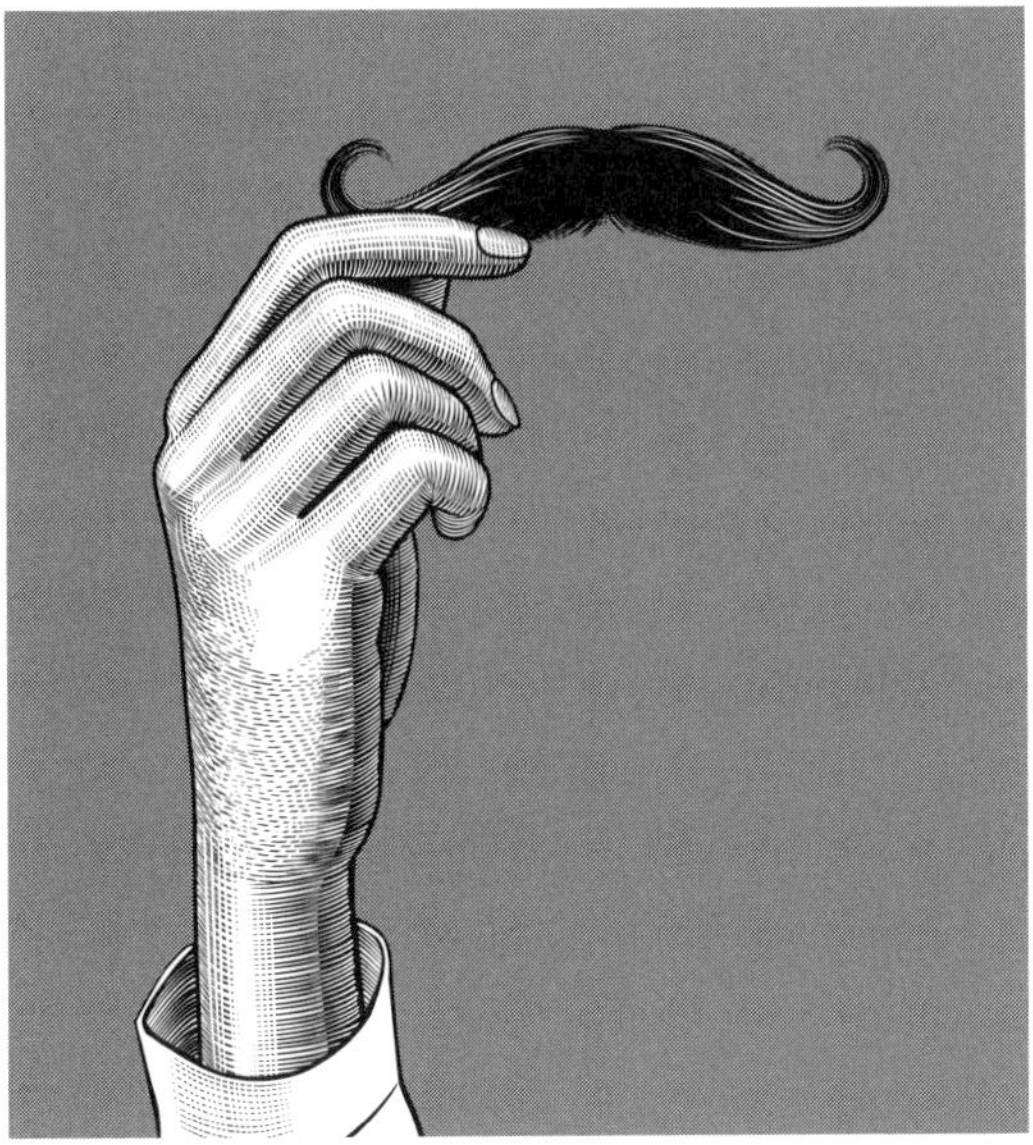

嫌悪を示す言動の断罪がおよぼす影響よりも小さい。このような考え方から、被害者は――目立つものであると認められた――その容姿によって差別されたのであり、ここでは二番目の基準に位置づけられた加害者の（たとえば）人種差別が理由ではなかったことを、裁判官は認めている。だが、人種差別や性差別を断罪するとは、下劣なイデオロギーと闘い、人間の平等、人々が体現するものや心の奥底に秘めたもののために行動することである。身体的外見を理由として差別を断罪しても、それは目に見える姿をよりどころとして、その内面にあるものを忘れるという寛容さをただ称賛しているにすぎない。

しかし、身体的外見以外の他の基準との結びつきによる、非常に実利的な利益を否定してはならない。実際、明らかな外見的特徴（肌の色、ひげ、特別な服装など）を理由に他者を拒絶していることを立証するのは、内に秘めた人種差別または性差別的イデオロギーにもとづく差別という意図的行為の立証よりも容易である。おそらくその意味で、カリフォルニア州とニューヨーク州では、「人種に関連づけられる髪型（コーンロウ、ドレッドロックス、ツイストドレッドなど）を対象とする頭髪の差別は人種差別である」と明言し、二〇二〇年一月一日から「頭髪に対する差別」を禁止することになったのだろう。この場合は、身体的外見の基準が人種差別の基準を表している。

# ANNÉES FOLLES: LE CORPS MÉTAMORPHOSÉ

# 狂乱の時代
## ——変容する身体

ジョルジュ・ヴィガレロ

フランス大学研究院会員

EHESS（社会科学高等研究所）研究指導教授

エドガール・モラン研究所共同所長

容姿の美しさほど文化を体現するものは他になく、地位や価値、市場と最も深いかかわりをもっている。この美しさが身ぶりやしぐさ、表情と混じり合うと、他の何にも増して「完全」なものになる。二〇世紀最初の数十年間で女性の外見に起こった変化はその代表的な例だ。より自由な身のこなし、より柔らかなライン、より明確な表現が、女性の自己演出において、その演出を超える変化のきざしをもたらした。つまり、社会のなかで女性の地位を変革していくことになったのだ。

## シルエットとライン

二〇世紀の美は、シルエットの変化に端を発する。長く伸びたライン、軽やかな所作は、一九一〇年から一九二〇年の間に始まった「変容」だ。脚はあらわになり、髪型は盛り上げられ、高さが目立つようになった。一九二〇年の『ヴォーグ』誌や『フェミナ』誌が扱う人物像は、一九〇〇年とはまったくの別物で、「どの女性も背が高くなったように見える」。その姿は、花のイメージから茎のイメージに変わり、「S」字形から「I」字形になった。こうした繊細さは形だけではなく、身体のラインの自立を示し、女性の深遠な変化を表そうとしていた。狂乱の時代の雑誌は、どれも率直さを前面に押し出している。「動きと活動に熱中している女性は、それに合わせて軽やかさと自由に満ちた優雅さを求めている」(『レ・モード』誌、一九三六年)。もちろん理想にすぎないが、そこには決定的な影響と独創性が表れていた。

ここで輪郭の大変革に注目しておきたい。マルセル・プルーストによるオデット（訳注／『失われた時を求めて』の登場人物）の身体の緻密な「読解」は、おどろくほど抑制と情熱に満ちており、一九一〇年から一九二〇年に見られた女性のシルエットとその大転換を最も忠実に描写している。「（いまやオデットの）身体はただひとつのシルエットを描いて女性の輪郭を忠実にたどり、昔のモードに見られた起伏の多い道やわざとらしい凹凸や迷路など、雑多な要素の散漫な組み合わせは捨て去っていた。その一方、解剖学が勘違いをして理想のラインの手前や向こう側に無用な迂回をしている箇所では、大胆に自然との乖離《かいり》を一挙に正したり、かなりの部分では布地だけでなく肉体の欠陥さえ補正したりできるのだった」[1]（『失われた時を求めて　花咲く乙女たちのかげに』吉川一義訳、岩波文庫から引用）。

さらに、脱毛した細い眉、高いほお骨、タイトにまとめた髪が示すとおり、化粧は薄くなり、髪型もボリュームがなくなり、「引き伸ばされ」、高さを増していく。一九二〇年代の『ラ・コワフュール・エ・セ・モード』誌ははっきりとこう書いている。「頭のボリュームを抑えることで、さらに若くほっそりして見えます」。ファッション雑誌には「ライン」「まっすぐ」「シンプル」といった言葉があふれていた。身体のデッサンには、縦にすらりと伸びたラインが多用された。狂乱の時代には、「長くしなやかな脚」は決まって「細いライン」と結びついていたのだ。わかりやすい特徴として、足からベルトまでの高さは、一九世紀のファッション雑誌ではずっと胴体の二倍に留まっていたが、この時代の同じ雑誌では三倍に伸びていた。「細長さ」[2]はあまりにも突然で強烈だったため、婦人向けの帽子職人たちは批判的な見方を示した。『ヴォートル・ボーテ』誌は一九二〇年にこんな疑問を投げかけている。「モードに身をゆだねるために、女性がこんな方法で醜くなることに同意できるものでしょうか?」

この女性的なラインは、単にイメージや表現の対象に留まらない。大戦にはさまれたこの時期には次のような意味合いもあった。「女性の美しさが文明の発展の最も重要な徴候ではないなどと、だれが信じられるだろうか?」と、フィリップ・スーポーは『ヴォートル・ボーテ』誌で語っている(一九三五年)。女性のシルエットはさらに進化していく。男らしさと競争するために? それともさらなる自由を求めてだろうか?

## 慣習の変化

「新しい女性」は、こうしたより活発な人物像から生まれた。「権利を征服したという幻想。少なくともコルセットを拒否した女性。大股で歩き、肩の力を抜き、ウエストを締めつけなくなった女性」[3]。そしてギャルソンヌ(訳注/仏語で少年を意味する言葉「ギャルソン」を女性形にした造語)の流行は、変容を決定づけた。この言葉[4]を生み出したヴィクトル・マルグリットの小説は、一九二二年から一九二九年までに一〇〇万部を売り上げた。ヒロインのモニーク・レルビエは、ブルジョワ的偽善を暴き出し、性的なアバンチュールや非常識な行為を重ね、やがて予想もしない均衡を見出す。「ラ・ギャルソンヌ」はかつてない勢いで、文化的なムーブメントを容姿の美しさへと移行させた。「これはもはや題名ではなく、ひとつの型であり、普通名詞なのだ」[5]。

「長く伸びた」ライン、シャープな化粧、短くカットした髪など、新しい女性は、発展途上にあるそのふるまいと服装に安定感を与えた。とりわけ髪は見た目を大転換させるものであり、「便利さ」、力強さ、動きといった選択肢を強調している。

ビベスコ公妃（訳注／西欧社交界で活躍したルーマニアの貴族、作家）は、一九二〇年代、自身の驚きと説明しがたい熱情をこう表現している。「完全に自由で、断罪されることもなく、なんの使命も担っていない現代の女性たちが、世界の始まり以来つねに確実で最も信頼できる武器であった『誘惑』を、まるで申し合わせたように手放してしまうとは、いったいどのような暗黙の脅威に屈したのでしょうか」[6]。多くの女性が、ひとつの時代が過ぎて次の時代に移ったことを感じていると認め、そこに成功の姿を見ていた。一九三五年の『ヴォートル・ボーテ』誌の記事を信じるならば、「タイトな髪型でないなら、真の美しさもない」ということになる。

当然ながら、外見だけが真実ではない。だが外見は変化をもたらすことができたのだ。たとえば、依存という古い仕組みの「ただ長らえているだけの従来の規範」[7]の裏で、賃金を得る女性が増えていった。それでも既婚女性のなかではまだ珍しい存在だった。主婦は理想的な「かつてないほど不動の地位」とみなされ、名士やモラリスト（訳注／人間性を探究する思想家）、医師などに賛美されていた。だがその団結はもろく、そうした慣習を時代遅れと受け取る女性の数が一九二〇年代以降増えつづけていったのだ。とりわけ、ポール・ジェラルディが第一次世界大戦後に新しい存在として描きだした若い世代の女性においては、その行動が変化していた。「解放された男たちが戻ってきた。彼らが見たのは沢山の女たちだった。挑発的で、せっかちで、あからさまな女たち……その娘たちは……服を脱ぎ、化粧をして、ぞんざいに話した……そこに少年たちも加わっていた」[8]。狂乱の時代、身体のラインはさまざまな徴候を表していたことだろう。期待や未来へのいざないという意味で、身体のラインは自立のイメージと重ね合わされていた。自立をすでに強く熱望していた女性もいれば、やっと思い描きはじめた女性もいた。ファッション雑誌もこのゆるやかな変化に歩を合わせて、優雅さと活発な生活、美しさと疲労や仕事を対比させ、「二面性」をあわせもつ女性の日常生活を伝えた。一九三六年の『フェミナ』誌では、仕事と美容を結びつけたこの「現代女性の生活の特徴」を取り上げている。

ここから、「美しさを一日中保つ方法」に関してまったく新しい記事が生まれ、広告は「怠惰」と「美容」になんらかの関連があるという思い込みに憤慨するようになる。新しいジャンルの雑誌によるインタビューでは、日々の生活でのマイナス要因をものともせず「美しくあるためにしていること」に対し、「従業員」「電話交換手」「タイピスト」などが似たような発言をする。そして想定されるのは、洗練された道具の登場だ。鏡、コンパクト、口紅、一日のどの時間でも使える香水、ハンドバッグ、各種アクセサリー。「働く女性」は出勤時も退勤時も「同じように見目うるわしい」存在でなければならない。

## 「戸外」の価値

美の基準のひとつに、象徴的価値をもつものがある。それは「戸外」活動で身体に残ったしるし、空と海と太陽に与えられた強力な価値だ。ファッション写真は光に満ちあふれ、空間は人物の姿を生き生きと見せる。なかでも海岸は、もはや背景というだけでなく環境でもある。そこでは散歩する人の姿は少なくなり、くつろいだ様子の人物が増える。服を着た姿が減って、水着姿が増える。「日焼け」というタイトルの文学も生まれた。[9] その描写はまた違ったものになる。たとえば一九三六年の『ヴォートル・ボーテ』誌では、若い女性をこう描く。「彼女は大きな歩幅で歩く。大気の不思議な呼び声に応えるかのように」。一九三八年の『マリ・クレール』誌では、顔は「バカンスの思い出」をしのばせ、身体は「真の美しさの勝利」を唯一実現できる「野外」を思わせなければならない。

「戸外」というイメージは、日焼けを称賛し、屋外を屋内と対比させ、女らしさや保護という古めかしい指標に背く規範となる。このイメージでは「外出」を最優先に掲げているが、伝統に縛られた若い女性にとっては、「外出」とは抑制され、管理される行為だった。また、どこにでも「外出」できるわけでもなかった。当然ながら、ピエレット・サルタン（訳注／作家、詩人、社会学者）が一九三〇年に描いた商店街（『Souvenirs d’une jeune fille mal rangée（身持ちの悪い若い女の思い出）』）や、一九五八年にシモーヌ・ド・ボーヴォワールが描写したパリのブルジョワ気取りの街角（『娘時代――ある女の回想』）への「逃避」などもってのほかだ。だが、サルタンやボーヴォワールが語るのは、数々の征服の物語である。両親や年長者の意に反した学問への熱意は、美しさや「野外」へのあこがれと同じように、自立への思いを感じさせる。たとえば、一九三七年の『ヴォートル・ボーテ』誌の読者の投書には、キャンプは「若さと美しさのいちばんの秘訣」と書かれていた。

その結果、身体とそのケアの仕方の関係が劇的に変化した。バカンスは美容術を生み出すことになるのだが、「屋外での化粧」や「太陽の治療効果」、「完璧な脚をつくる」ための脱毛術などに向けたアドバイスといった型破りな美学を生み出したのだ。日焼けは、一九一三年発刊の『フェミナ・ビブリオテック（Fémina-Bibliothèque）』に書かれた「美」の概要においては相変わらず「醜くなる」徴候とされていたが、しだいに無視できない基準となり、「明らかな文化的変容、あるいは少なくともその徴候」[10]となった。

太陽に照らされて輝く活発な半裸体は、力強さと細さを兼ね備えた身体という固定されたイメージに影響を与えた。ここでは肉体の印象に筋肉が効果的に付け加えられた。一九三四年の『ヴォートル・ボーテ』誌によると、「自在に動くほっそりとした筋肉質の身体が美しさをつくりだします」。

**モードに身をゆだねるために、女性がこんな方法で醜くなることに同意できるものでしょうか?**

このイメージはしぶとく残り、一九三〇年代の美の特徴となった。「すらりとしたスポーツ体型のシルエット、余分な脂肪のないほっそりした筋肉質の手足、エネルギーに満ちた開放的な顔つき。これが今日の理想的な女性の美しさである」[11]。一九三〇年代以降、ココ・シャネルは「美しさは甘ったるさではない」と主張している。

さらに掘り下げれば、ほっそりとした輪郭の裸体が理想であり、このシルエットは両大戦のはざまにあったこの時期の支配的な基準となった。まさしく、裏側は表側の真実といえる。「現代のラインは容赦しない」のだ。とりわけ海岸では、ぴったりとフィットして体型を際立たせる水着のラインは、美点も欠点も気づかせる。「私はバストが大きくて垂れています。身長は一七〇センチ。絶対に水着を着ようとは思いません。とても残念です」。一九三七年の『ヴォートル・ボーテ』誌の読者はこう嘆いている。一九〇〇年代の読者の投書は顔と化粧の話題にとどまっていたが、一九三〇年代にはまったく異なり、はてしなく細かい点にまで気を配ったスリムなシルエットが主流となっていた。

## 基準の「働き」

外側のラインが隠された肉体のラインに対応しているかという点はつねに疑問の対象であり、必然的に新たな測定法が求められた。一九三〇年代にはその数字が、雑誌や美の定義を支配していた。体重や身体の大きさはそれぞれの人の身長に対応するものとみなされた。指数はより研ぎすまされ、比率はより細かく表され、より厳密になっていく。一九三〇年の『ラ・コワフュール・エ・セ・モード』誌の提案によると、理想体重のレベルは、もはやメートルを省いたセンチメートルの数字に等しい数字、つまり一メートル六〇センチの人なら六〇キロではなくなり、五五キロあるいは五七キロとより少なくなっている。その後の一〇年で、理想の体重はさらに低下した。

一九二〇年代以降の表示の変化もまた徹底しており、「細い」から「太い」への終わりなき移行を画像に変換している。たとえば、目の下のたるみ、しだいにボリュームを増す二重あご、丸みを失っていくバスト、腰回りの贅肉、太ももの緩み、臀溝（訳注／臀部と大腿部の間の溝）の崩れといった「肥満」の一連の欠点は、解剖学者ポール・リシェによってグラフの曲線へと置き換えられた。[12] 数値の使用と、ちょっとした差へのこだわりが、美人コンテストの流行を生み出したのかもしれない。一九二一年のミス・アメリカ、一九二八年のミス・フランス、一九二九年のミス・ヨーロッパ、一九三〇年のミス・ユニバース。両大戦のはざまの時期には、「女王」や「ミス」が急増した。その際、「ミス」という言葉を取り入れたのは、アメリカが画像や映画、音楽を大規模に発信する未来の大衆文化を着々と支配していたことの表れである。

　これらのコンテストに人々は熱くなった。フェミニストは、その主義に反対の声を上げ、女性のイメージを「誇張された」従来の美しさへと押し戻すものだと糾弾した。「最初は女王でも、最後には売春婦になってしまう」と言って、裏のある誘惑と快楽のゲームとみなす者もいた。さらに怪しげな主張をする者も現れた。たとえば、狂乱の時代が迎合してしまった優生学だ。この扇動的な選択は、一九二八年のミス・フランス大会主催者のひとり、ジャーナリストで作家のモーリス・ド・ワレフの「見応えのあるコンテストで審美眼を養っていただき、身体的に不釣り合いな結婚はおやめになりますように」という発言に表されている。たとえこの発言が、避妊に関するあらゆる広告が禁止され、優生学的主張に制約を課した一九二〇年の法律より目立たないものだったとしても、この「醜くなること」を糾弾するフランスという国の考え方、「結婚」という選択の例に挙げられた理想的なモデル、そして「可能なかぎりの手段を用いて人類を」改良するという主張を見過

ごすことはできない。

いずれにせよ、狂乱の時代は大変革を示している。慣習の変化が外見に直接的な影響を与え、女性の変容が身体の輪郭に直接現れたのだ。

一九二〇年代に入って始まったこの変容は、「終わりなく伸びる脚へとつながる蔓のような身体」、幸福感と平らな腹を兼ね備えた筋肉質のしなやかな身体を賛美し、現代の「矢のようなシルエット」(二〇〇三年九月二七日付『ル・モンド』)を生みだした。これは集団的理想の避けがたい存在感と、その大いなる影響を裏付けているが、それをどんな風に取り入れた外見になるかはひとりひとり違っていた。言い換えれば、いっそう活発な身のこなし、いっそうカラフルな化粧、より人目を引く保護された肌もまた、ひとりひとりの主張の表れであり、この表現によって、さらに新しい方法で身体はみずからの自由を演出するのだ。こうして重要な目的、美しさと幸福感の結びつきは確固たるものとなる。

それでもやはり、ひとりひとりの外見へのこだわりが、個人の基準と集団の基準の組み合わせをより複雑でわかりにくくしたことに変わりはない。失敗というテーマは美容の実践のなかにひそみ、個人の責任は美しさに手の届かない場合に大きくなり、「無力感」は外見と自由に全面的な責任を負う個人の決定について回るのだ。充足することが唯一にして究極の真実として奨励されると、不安感が頭をもたげ、どんどん強まっていく危険性がある。

# « Dans la mode, la beauté est démodée »

# 「ファッションの世界では、美しさは時代遅れだ」

フレデリック・ゴダールへのインタビュー

社会学者
INSEAD社会心理学正教授

PARIS

## ◆ファッションの歴史的起源を特定することはできますか？

すべては社会学におけるファッションの定義しだいです。社会集団間の模倣および区別にもとづく一種の社会的変化として見るか、純粋に衣服という側面として見るかですね。このふたつは定義があいまいで、一方の定義が他方について使われることもあります。変化としてのファッションはつねに存在しており、外見という概念は、たとえば宝石とともにすでに新石器時代にはあったものです。具体的な証拠はありませんが、おそらくある種のファッションはその頃から存在していたのでしょう。古代ギリシャや古代ローマの時代に関しては文献が多少残っています。たとえば、大プリニウスは宝飾品における流行、とりわけ指輪をつけることについて書き記しています。特に資料が多いのはルネサンス期ですね。フィレンツェやヴェニスなどイタリアの都市国家や、フランスのブルゴーニュは、当時たいへん裕福であり、その地で急増していたブルジョワ層は貴族階級をふたたび問題視するようになります。ファッションは差をつけるための社会的武器であり、富をひけらかすための口実でもありました。その結果、新たな職業が誕生し、産業を急速に拡大させました。こうした理由から、多くの社会学者や歴史家は、この時代こそがファッションの誕生、特に服装の流行が生まれたときだとしています。

◆では、ファッションは美の追求ではなく、社会的地位を主張するという意図から生まれたのですね？

そのとおりです。社会学の観点から見ると、美しさとは社会的に構築されたものです。美しさとは、隠れた社会的力学、主として階級や職業などの社会集団間の対立の結果です。社会集団は、他の集団と差別化を図って美しさの規範をつくりだします。これが**トリクルダウン**（訳注／浸透）**理論**と呼ばれるファッションの標準理論で、いろいろな解釈の仕方はありますが、たとえば「トップダウン方式の模倣」などといわれています。経済学者のアダム・スミスも、すでにこの理論を頭に置いていていました。まず、工場も大量生産もない時代、ファッションは貴族とブルジョワという特定の階級に限定されていました。そのなかで、他の下位集団が対立し、互いに差異化を図っていました。第一次世界大戦の直前になってもまだ、ファッションを手に入れられる人はごくわずかでした。フランスでは、既製服がある程度の変化をもたらしていましたが、普通の人々がもっていたのは平日の服と日曜日の服という二着だけでした。

両大戦のはざまの時期、そして第二次大戦後には、ファッション産業の大衆化とともにより裕福な消費者が大量に生まれ、工場を筆頭に新たな生産方式が登場したことで、中産階級が自分のスタイルを考えるための商品を入手できるようになりました。サブカルチャーとアバンギャルドという概念の出現です。それとともに、クリエーターは重要な存在になっていきます。何百万もの人々が自分の考えと好みを発展させ、それを試す手段ももつようになったのです。中産階級の下位集団は、上の階級を真似るだけの遊びをやめて、今度は自分たちが上の階級に着想を与えるようになります。このように、基本的なダイナミズムは他のグループに影響を与える特定の集団とともに生まれるものですが、影響の向きは上下に交錯し、さらに水平方向にも進みます。というのも、中産階級や労働者階級のさまざまな下位集団やサブカルチャーは、パンクファッションにしてもゴシックファッションにしても、地位や裕福さといった古い概念を気にかけることなく、互いに模倣し合っているからです。こうして、あらゆる方向に差異化や混合が進んだ現在の状況は、かなり複雑です。アイデンティティの主張によって権力や社会的余裕の顕示が補完され、あるいは競争が起きています。自分がロックやパンクやゴシックやヒッピーだと感じたら、それを示すのです。肝心なのは、自分はほとんどの人と同類ではないと示しながらも、その違いを出しすぎない、「最適な差異化」と呼ばれる状態に身を置くことです。自分が他と少し違っているのは、不器用だからでも時代遅れだからでもなく、自分でそれを選択し、自己主張したいからだと理解してもらうわけです。

一〇年ほど前から、こうした集団アイデンティティはさらに進んだ形の個人主義へと移行しており、サブカルチャー自体がふたたび

問題視されています。かつては、いつでもなんでも手に入るわけではありませんでした。それが今では可能なのです！　ファストファッションのブランドは常時さまざまなアイテムを生産していますが、その環境への影響はだれもが知るところです。

**◆つまりファッションの歴史は、社会階級を明らかにし、文化集団を明示し、自己を主張するという三つの段階を経てきたということですね。では、美しさについてはどうでしょうか？**

社会学では、支配的集団が美しいとみなすものが美しいのです。それがどんな色、形、シルエット、モチーフ、素材であったとしても……。たしかに、時代を超えて変わらない流行もあります。たとえば、黄色や紫などはつねに受け入れられにくい色ですし、赤が好まれるのは生物学的理由に起因するといわれています。今日の産業が、どの程度自然な嗜好や歴史的な好みに抗えるようになったのかはわかりません。いずれにせよ、ファッション産業は自らの力を十分に自覚していますが、力をもつようになったのは近年のことです。かつてはシャネルやサンローランなど伝統的なデザイナーとともに、美の理想を追求していました。基本的に私たちは美しさを信じていたのです。しかし新世代の登場とともに美しさという概念は消滅し、皮肉な視点が台頭します。醜いというレッテルを貼られたものを拾い上げて、これを元に美しさの規範をつくるようになります。たとえば、グランジ（訳注／古着や古い服を着崩したり重ねて着たりする）やノームコア（訳注／周囲と同じような普通の服をあえて選ぶ）といった一九九〇年代のスタイルが時代の好みとしてふたたび注目されたり、ごみ収集人や消防士の制服をアレンジしたデザインが取り上げられたりしています。二〇〇〇年代には、身体にぴったり合った細身のシルエットに回帰し、ラージサイズの服は非難の的でしたが、現在ではラージサイズの服がふたたび流行しています。そのたびに、あるスタイルがなぜ美しいのか、そうでないのか、山のような理由が提示され、私たちはつねに特定のスタイルやファッションに対して肯定的な見方や否定的な見方ができるわけです。

## ◆美しさは時代遅れなのですか？

客観的な、いわば押し付けられた美しさの規範には、かなりの人が閉口しています。その裏にある種の支配が潜んでいることがよくわかっているからです。相対主義が幅を利かせ、美しさの概念は消滅しつつあります。代わりに語られるのは、スタイル、実験、境界の探検、混合などです。価値のない世界になり、美しさはもう戻ってこないと当てこすりを言っているのではありません。結局、美しさからの逃避もファッションの一時的流行にすぎないのでしょう。一〇年後にはふたたび絶対的な美について語るようになるかもしれません。いずれにせよ、現代の生産と過剰生産は深刻なレベルに達しているため、このシステムは終わりを迎えようとしています。そこにはギャップが感じられます。そうすると、私たちはミニマリストへと向かうのでしょうか？　ファッションの仮想世界はあるのでしょうか？　想像できるのは、ファッションが非物質化するということです。

**◆ファッションの非物質化とはどういうことですか？**

たとえば、アバターが身にまとったり、モニターを介したＳＮＳのやりとりで用いられたりするファッションです。そこでは何でもできるので、ファッションブランドもすでに目を向け始めています。たとえば、あるロゴのファッションをアバターに着せるには料金を支払わなければなりません。

**◆そうなると、仮想世界にもある種のスノビズムを見るようになりますね。自分の外見を整えたいと願うことで、私たちはみなダンディになりつつあるのでしょうか？　しかし、だれもがダンディならば、だれもダンディではないということですね……**

そもそも一九世紀には、はかない流行への反発として、ダンディは絶対的な美の概念を追求していました。そういう時代背景において、たとえばブランメル（訳注／イギリス社交界の代表的なダンディ）は、彼が「マカロニ」と呼んだ、フランスとイタリアの影響を受けたヨーロッパ大陸のスタイルに対抗して、青、黒、灰色、茶色といった色合いでイギリス紳士のスタイルをつくりあげようとしました。したがってダンディズムは、少なくとも男性のファッションに関しては、単に美的な面に限らず、地政学的、権力的な側面もありました。女性のファッションはフランスやイタリア風のスタイルにとどまっていました。今日では、巨大なファッション産業の一派にすぎなくなったとしても、現代的なダンディは自分に似合った自分らしいスタイルと美しさを主張しています。私たちは今、消費者が分断される様子を目の当たりにしていると思います。便利だからか、あるいは他にするべきことがあるからなのか、単にファッションの流行を追う人がいる一方で、服装によって自己表現できると考えるダンディのような人もいます。だれに対しても有効な客観的な美しさと、「ひとりの人間として、私には私の美しさがあり、その美しさは自分で見つける。知っているのは私自身だ」という主観的な美しさが対立しているのです。私たちは個人という絶対的存在に到達しています。その端緒は一九六〇年代に見受けられましたが、当時は複雑すぎて到達不可能でした。しかし現在では、だれの手にも届くものとなっています。

### ◆ファッションとは売ることができるものですか？

むしろ、売ることができるものがファッションなのです……。消費者の役に立つものが流行すると言えるでしょう。かつては、購入できる唯一の服はブランドに提供されるものでした。今ではその選択の幅が広がり、ブランドもその状況に対応しています。現代は**フィードバック**

の影響がより強くなっています。ＺＡＲＡのようなブランドではシステムを入念につくりあげ、以前は半年や一年かかっていた新しいスタイルの生産が一週間でできるようになりました。たいへん精度の高い分析を行い、自動生産と販売店への自動配送を計画するのです。顧客の欲しい物をすぐに生産できるよう、こうしたブランドは数時間で完了することを目標にしているようです。この点から見れば、ファッションも変化していますね。リアルタイムで顧客のフィードバックを分析するなど、これまでにはなかったことです。

**◆つまり、消費者は購買することによってデザイナーとなっているのですね……**

潜在的にはそうですね。しかし、システムはもう少し先を見ています。おそらく、ファッション産業に対して反対の声が大量に寄せられ、消費も抑制されるようになるでしょう。

**◆私たちは倫理的責任を負うファッション、道徳的ファッションへと向かうのでしょうか？**

その可能性はあります。環境に責任をもつファッションを求めている人は、美しさなどどうでもいいなどと決して言いませんが、少しペースを落として別の素材を使うべきだと考えています。今のところ、環境に責任をもつファッションは、おそらく消費全体の五パーセント未満、せいぜい一パーセントでしょう。

**◆消費を減らすには長持ちするファッションが必要ですが、相反する言い方ですね……**

そこに矛盾があるのです。さもなければ、もはやファッションについて語るのではなく、単に服装だけの話になってしまいます。身体を守り、快適さを保ち、衛生的機能もあるファッションとは……まるで昔のソビエトの服のようです。たいへん興味深い状況ですね！

**◆「ファッション《モード》とは流行遅れ《デモデ》になるものだ」という引用句は、ジャン・コクトーの言葉とも、サルバドール・ダリの発言ともいわれています。言い当てていると思いますか？**

定義としてはそう思います。スタイルとは長く残るもの、と付け加えたくなる人もいるでしょうね！

聞き手　ジャン＝フランソワ・マルミオン

# Percevoir la beauté en un corps singulier

## 特異な身体に美しさを感じとる

ダニエル・モワズ

哲学教授（アグレガシオン〈訳注／高等教育教授資格〉取得）

IRIS（超領域社会問題研究所）研究員

マルセル・ニュスの身体には、明らかに脊髄《せきずい》性筋萎縮症の症状が現れている。彼はこう書く。「私たちは障害をもって生まれてくるのではない。他者の視線によって障害者になるのだ。自分自身や自分の衰えに対して、詮索《せんさく》されるような、身を縮ませるしかないような視線を投げかけられたことのない人にとっては、このような主張はとっぴなことに思えるかもしれない。ああ、だがこれは、その異質さと病的変質が他者にショックを与え、他者をたじろがせるという事実から来る嘆かわしい真実でしかないのだ！」[1]。出会った人が自分の外見に驚き、もう一度**見る**ために後戻りしてくることがよくあるというニュスは、そういう暗殺者のような視線から立ち直るのにどれほどの努力が必要かを語っている。

## 見ることは判断すること

そういったのぞき趣味の人間が常にいるわけではないものの、ニュスのような人たちに他者が向ける視線の問題は、身体全体をじろじろ見られる人たちが繰り返し体験するテーマである。多くの人が、自分自身や自分の近しい人たちに向けられるこうした視線は重苦しく、ときには医学的に証明されている障害より重く感じることもあると語っている。

事実、他者への視線は私たちが他者を認識する手段のひとつであるとしても、それは単に視線によって感知するというだけの行為ではなく、多くの場合は他者に対する**鑑定**が含まれ、一般的にはなんらかの**評価**を下すものだ。他のどんな感覚とも異なり、視線には価値論的な側面、つまり価値判断がかかわってくる。日常の会話では、「視線《ルガール》」という名詞は「判断」という名詞と同義に扱われることが多いので、たいていの場合、いわゆる感覚的な次元での「視線」はあっさりと隠されてしまっている。

逆に、誰かに向けた「視線」について語る場合、あたかも相手を見るとは、相手から受ける印象によって常に多かれ少なかれ評価を下すことを意味し、その評価に中立はほとんどなく、「良い」または「悪い」となるかのようにその対象を評価する、あるいは軽視するという判断が含まれるのは偶然ではない。つまり視線には価値論的次元があり、判断には知覚的次元があるのだ！

たしかに、フランスの哲学者、モーリス・メルロ＝ポンティの言葉どおり「私たちは自身の身体によってこの世に在る」[2]のであり、私たちと他者との出会いは決して肉体から離脱したものではない。したがって、さまざまな知覚があってこそ他者との接触が確立される。そういうわけで、すでに一七世紀、パスカルは、賢い者だろうと愚かな者だろうと、私たちが他人を把握するときにその外見がいかに重要かについて指摘している。彼はこう書く。「……この法官は、純粋至高な理性によってみずからを律し、弱者の想像しかそこなわない虚しい情状にこだわらず、物事をその本性に従って判断するに違いないと、諸君は言うかもしれない。この法官が説教を聴きに行くのを見なさい。……そこへ説教者が現れる。彼が生まれつき嗄《しゃが》れ声で珍妙な顔つきをしていたとしよう。また理髪師が彼の顔を剃りそこない、おまけになにかの拍子で顔が汚れていたとしよう。この説教者がどんな大真理を語ろうとも、われわれの老法官の謹厳さが失われることは請けあいである」[3]（『パンセ』前田陽一・由木康訳、中公文庫から引用）。

## 習慣が視線を方向づける

したがって、知覚を通して他者に出会い、相手から感じのいい、または不快な**印象を受ける**ことは、私たちの宿命的限界である。そして、ある一文の美しさをより手の届かないものにするにはその一文を誤読するだけで十分だというなら、他者の身体的特徴から普通と違う印象を受けたときには、それ以上その相手をじっと見るのを止め、少なくとも瞬間的にはその相手と出会うことをやめようとするのもまた確かなことである。このような現象は人間の宿命なのだろうか？　それとも、私たちが最後には互いをきちんと見つめ合うことができるような視線について、教育、それなしでは誰に対しても自分らしくいられないという教育をほどこすことは可能なのだろうか？　だが実際には、知覚とは感知されたものの「客観的インプット」などではない。私たちは他者やモノをまずあるがままに見るのではなく、私たち「自身」、より正確には慣れ親しんだものを通して見ている。「自分が見るものしか信じない」と言う人もいるが、私たちは自分の習慣になっている見方でしか見ることができないということを忘れている。

たとえば、とてつもなく肥満した女性が電話をかけている電話ボックスの前で足を止め、ぽかんと口を開けていた幼い女の子の茫然とした視線を思い出す。その子はうっとりした様子でその女性から目が離せずにいた。もしそれが相撲取りに向けた視線であったとしたら、感嘆にあふれていたことだろう！　したがって、私たちはだれもが最初のひと目でまったく同じものを見ているという思い込みに気をつけなくてはならない。もしそうだとするなら、マルセル・ニュスが最初の妻から次のような言葉を引き出せたことを、どのように説明できるだろう。「え、私が彼の身体を？　いいえ、問題ないですよ。彼は美しいと思いますから」

## 逃げるものを見る

メルロ＝ポンティは次のように書く。「視覚のなかで、私は生き生きと広がる風景のかけらを注視する。他のものは端のほうへと遠のいて眠りに入るが、そこに在ることはやめない」[45]。また、こういう言葉も残している。「対象を見るとは、視野の端にとらえてそれをじっと見つめることができる、あるいは見つめながら視野の端に置くという誘惑に応えることである。私が対象を見つめる時、しっかりと凝視するが、視線のこうした『停止』は視線の動きのひとつの様相でしかない」[6]。その結果、あるものを真に見るために注視するとは、決してそのものが見せている面のひとつに目を止めて見つめることではない。ものは姿を現しながら、同時に、それを所有しようというい っさいの思い上がりから逃れているのだ。したがって、真に見るとは、まずは、視線によって「すべて」を把握するという幻想に屈するのをやめることだろう。さもなければ、見るとは単に見られたものを侵害するという意味にしかならない。

ところで、「モノ」について語られることは、明らかに、男性あるいは女性の存在についても当てはまる。したがって、ひとりの人間を見るとは、まず相手が私たちに見せるものに限定したりまとめたりすることではなく、示されているものの向こうに相手を構成するものが隠れていて、そこにとどまりつづけているという事実を自覚することである。

ここで最初の質問に戻ろう。身体の変質のどんな点が他者との出会いを阻んでいるのだろうか？そして、この質問が暗示している別の質問に取り組むことにしよう。相手の身体に刻まれた「欠陥」によって生まれた驚きのまなざしを、どうすれば乗り越えられるだろうか？　それでは思い切って、いくつか手がかりを提示してみよう。

## 外見を正常化する？

たとえば、ある外見が見る人にショックを与えるとき、その外見にもある程度の「凡庸さ」があると考えるべきなのだろうか？　また逆に、他者が示す可能性のあるあまりに凡庸でない外見に、私たちの視線を慣らすようにすべきなのだろうか？　おそらく、どちらか一方だけを選ばなければならないということはないだろう。ここでパスカルの話に戻ってみよう。単に説教者の声がしゃがれていて、ひげの剃り方が雑だというだけで、私たちは説教のなかで示された最も深淵なる真実に到達する機会を奪われるのだ！　私たちの「心理」について、この話からどんな教訓が得られるだろうか？　明らかに、**目に見える**人々の存在から私たちの目を背けさせるには、ほとんど何もいらない。だが、**視界をふさぐ**のにたいした手間がかからないのなら、かならず**視界をふさいでいる障害を取り除く**のにも手間はかからないはずだ。

手の込んだ服装や化粧は、身体的に個性のある人と認識されるうえで予想外の効果を生み出す場合がある。もちろん、非難をやわらげて他者の目に受け入れられるどころか、非難が強まるほど突拍子もない服装や化粧をしたり、場にそぐわない存在になったりしてはいけない。たとえば、ルキノ・ヴィスコンティ監督の映画「ベニスに死す」[7]の見事なラストシーンを思い出してみよう。少年タジオを誘惑しようと、ダーク・ボガード演じる初老の主人公は髪を染め、化粧までするようになる。ところが、その化粧も毛染めも、決して若くは見えない顔の上で崩れていき、むしろ逆に痛ましいほど美しさを示せない！　言い換えれば、身体の外見に手を加えるには素晴らしい技術が必要であり、それどころか、まったく普通ではない外見を「規格化」することは、妨げとなっているものから**視線を解放する**いちばんの近道なのだ。ならば、ダウン症の子は、ダウン症の子の顔に見えないよう手術を受けるべきだろうか？　これは正常化への圧力ではないのだろうか？

だが、顔や身体の変質が適切な医療介入を明らかに必要としているならば、以下の問いに対する答えは得られないままだ。私たちは「横目で見られる」ことを避けるために背景の装飾に溶け込む術を身につけるべきだろうか？　あるいは逆に、私たちのまなざしを、でこぼこがあり、この場合はみなと同じ外見をもたない存在の上に「落ちる」という背景に慣らすべきだろうか？　そこが問題なのだ！　数年前、ジャック・シラク大統領の時代に、ジュリア・クリステヴァが議長を務めていた国家最高ハンディキャップ評議会は、「障害のある人たち」への「視線を変える」という目標を掲げた。「骨粗しょう症」によって身体に明らかな症状が現れている精神分析医、ジュリエット・シュミットは、私に当時こう語った。「私たちへの視線を変えるとても簡単な方法がある。みんなが私たちを見慣れることよ」。そして言葉を継いだ。「私たちが学校にも、レストランにも、映画にも、どこにも行けないのは、いつもまわりからじろじろ見られるからなの」。

## 教育の問題

こうして、見方を変えることへの取り組みと準備が行われることになった。上からの押し付けではなく、教育によって変えるのだ。この教育は、他のどんな教育とも同じように、特異な身体をもつ男性や女性と交流する習慣によってしか果たせない。おそらくそうした習慣によって、私たちの視線は「欠陥」自体を離れ、欠陥をもっている人たちの存在へと向けられるだろう。たとえば、マルセル・ニュスをひと目見たときには実視線がそこで止まってしまうが、その後すぐに、その存在からじっと動かない特異な身体以外のまったく別の面が目の当たりに現れ、その驚くべき存在感に引き寄せられていく。このようにして、最初にたじろがされたものから視線をはずさせる、そんな個性が何を示せるのかということに、私たちは取り組まなければならない。

当然ながら、だれもが全面的に社会生活に参加することが、視線の解放を可能にする最初の条件だ。その目的は、特異な外見に衝撃を受けないようにするだけでなく、身体の特殊性から目に見え

私たちは障害をもって生まれてくるのではない。他者の視線によって障害者になるのだ

——マルセル・ニュス

ない他の要素へと注意を移すことである。なぜなら、ある存在を知覚する際、私たちが何に注意を向けるかによってすべてが左右され、その注意自体も、私たちが社会のなかで占めている立場を筆頭に、多種多様な要因によって条件付けされているからだ。たとえば、ナミュール大学の教授で自身も目の不自由なミシェル・メルシエは、ユーモアを交えてこう語っている。「金持ちの障害者は金持ちです。でも貧しい障害者は障害者なのです！」。同様に、スティーヴン・ホーキング[8]も、おそらく周囲の視線からは「障害者」というより天体物理学者に見えていたことは間違いない。これはつまり、私たちがそれぞれの人の才能の開花を後押しするような世界にいればいるほど、私たちの視線も身体の障害をあっさりと**越えて**いけることを意味している。

　だが、確かに、ときには他のことで有名になるまでは、容姿を見られたくないと思う人たちがいることは否定できない！　この点で、とりわけ特定の人たちに対しては、電子通信手段を介して関係をつなぐ可能性を決して過小評価してはいけない。その多くは身体的に会話がしづらい人たちなので、電子メールが他者と交流を始める最初のツールとなるからだ。たしかに、実際に他者と対面することにまさる交流はない。だが、私たちの視線を手なずけるためには、間接的な交流によって、他者とは私たちに見せるその外見だけでなく、私たちに向けて書くその文章でもあると

前もって学ぶことが重要なのである！　シラノ・ド・ベルジュラックがロクサーヌを魅了したのも、その顔ではなく、その言葉によってのことだ！　いずれにしても、あらゆる困難は、障害という問題以上に、おそらく私たちの視線に対する教育が行われてこなかったことに原因がある。特異な身体をもつ人たちに注目する視線についての教育も、一般的に人と人とが交わし合う視線についての教育もなされてこなかった。個性ある身体のなかに美しさを見ることは、視線の真の革命によってはじめて実現するのだ[9]！

# La dysmorphophobie, ou l'obsession de l'imperfection physique

# 醜形恐怖症、あるいは容姿の欠陥に対する強迫観念

カリーヌ・マジダラニ

臨床心理学者

気分障害・不安障害専門

醜形恐怖症に苦しむとは、自分の身体の一部に醜さや衰え、また恐ろしい特徴、アンバランスや非対称といった重大な欠陥があるという考えにとりつかれることである。

これは身体的外見の欠陥に固執する複雑な精神疾患そのものであり、徹底的に洗い出した欠陥を「ズーム」フィルター越しに見るような病気だ。その対象は身体のあらゆる部位におよぶが、最もやり玉にあげられる欠陥は、たとえば鼻、髪、髪以外の毛、肌（にきび、顔色、しわ、傷痕）、目、歯、唇、耳など、主に顔にある。その他の部位としては、胸、身長、腹、ひざ、太もも、性器、足、尻などが対象となり、さらにはプロポーションや筋肉なども含まれる。

## 想像上の欠陥

こうした身体の部位に欠陥や違和感があるという思い込みにとりつかれ、その精神が激しく侵されると、大きな不安と苦しみにとらわれる。そこには自己批判や過小評価、また確認を繰り返す、何度も安心したがる、さらには隠そうとする、避けようとするといった強迫行動がともなう。多くの場合、自身に異形の部分があるという認識には言葉に尽くしがたい恥ずかしさがついて回り、結果として愛情面で制約が課され、さらには社会的孤立やうつ病を引き起こす。

醜形恐怖症の患者は、自分の目で自らの「恐ろしい欠陥」を見るのと同じように他者も自分のことを見ているという確信をもち、見下されたり拒絶されたりすることを強く恐れる。自分の身体的外見について抱く身体イメージ、あるいは心象表現と呼ばれるものに機能不全が起こるのだ。したがって──その欠陥がどの程度深刻であるかにかかわらず（かぎ鼻、にきび、髪の悩み……）──問題になるのは身体的外見**それ自体**ではなく、鏡に映る姿を見たときに自分の身体を認識させる「ソフトウェア」なのである。

患者はさまざまな手法を使って、自身が欠陥とみなす点を隠したりごまかしたりする。

- 服装や奇妙な身なり、特定の姿勢や体勢で「欠陥」を隠そうとする。極端な場合には、明るいところや他者との接近を避けるようになる
- 化粧品を過剰に購入する
- 精神科医や精神分析医を訪れる代わりに、皮膚科医、内分泌科医、歯科医、さらには美容整形外科医や形成外科医に頼る

なぜなら、こうした商品や治療で外見を改善できたとしても、ネガティブな身体イメージを保ち増幅させる内的ソフトウェアの問題は解決されないからだ。この悪循環は、強迫観念（強迫的な考え）と強迫行動（強迫観念をかわすための反復行動）の間に見られる悪循環と同類のものである。たとえば、回避すればするほど心配になり、疑えば疑うほど確認したくなり、その逆も同じだ。イメージの修復がうまくいかないので、強迫観念がずっと「ループする」のである。修復に失敗した患者は疲れ果て、うつ状態になり、やがて自殺願望を抱いてそれを実行に移すこともある。

周知もされず、診断も不十分になりがちな醜形恐怖症は、しばしばＯＣＤ（強迫性障害）と混同される。両者に共通するのは、強迫観念とそれにともなう強迫行動だ。しかし、似たような強迫神経症の一部とはいえ、いくつかの違いもある。まず、ＯＣＤにおける強迫観念が多重的な問題（均

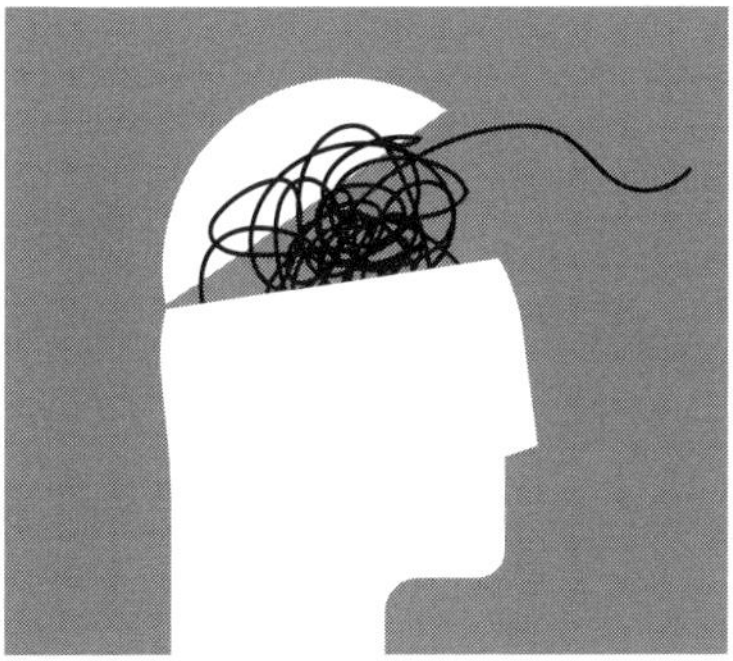

整、疑念、汚染、攻撃性、蓄積、信仰、性的傾向など）であるのに対して、醜形恐怖症は単一の問題にかかわるものだ（強迫観念が働くのは患者が問題視する身体の部位についてだけである）。そして、ＯＣＤの患者は強迫観念を合理的でないものとみなしているが、醜形恐怖症の場合、障害があるという自己認識（**病識**と呼ばれる）ははるかに低い。強迫観念の確信と過大評価が、疑いを圧倒しているのだ。

醜形恐怖症は、単にだれにでもあり得るコンプレックスの問題や、身体に対する不満の問題というだけでなく、全体的で、侵襲的で、障害をもたらす、タブーともいえる精神疾患である。患者は自身に対して距離を取ることができず、身体的欠陥が実際にあると思い込んでいる。これはＯＣＤにおいて観察される疑念という現象を超えている。醜形恐怖症の患者が欠陥について話しにくいのは、恥ずかしさもあるが、無知だからでもある。強迫観念に襲われて、自分を手ひどく苦しめるこの「身体」を矯正したいと願うのだ。患者は鏡に対して、常に引き寄せる、あるいは反対に嫌悪するという特別の関係を築く。鏡を完全に避けるか、長時間のぞき込んで自分をじっと眺めるかのどちらかだ。ときには車の運転中でさえ鏡を見ずにはいられず、交通事故を招く危険すらある。さらに、この絶対権力をもつ鏡との関係は、かなり分裂ぎみである。良い鏡（美しいイメージを見せる）と悪い鏡（欠点を強調する）が向き合っているのだ。醜形恐怖症のあらゆる病状が現れているのはこの点だ。欠点の選別フィルターに不具合があり、ネガティブで批判的な内なる声とあいまって、身体をグローバルに見る力が妨げられてしまう。

醜形恐怖症は、拒絶を恐れ、批判されることに非常に敏感であるなど、身体についての強迫観念の根底に強い恐怖心が存在していることから、気分循環性障害（感情の不安定さに関する障害）と似ているように思われる。また愛情をもって誰かに近づいてみようとすることがとても難しく、それを脅威だと感じ、まるでペストのように避けることになる。自尊心の大部分は自身の外見にもとづいている。患者のアイデンティティは部分的なもので、身体の欠陥のある部位やシルエット、耐えられない自我の傷、そして差し迫った拒絶の脅威だけに根ざしている。

## 患者のモンタージュ

醜形恐怖症の起源に関する理論の大半は、精神分析を参照した心理学にもとづいていた時期が長く、鼻をペニスの象徴に見立てるなど、症状に「抑圧的」な意味が与えられていた。近年の心理学的理論では、障害に苦しむ患者の情緒にいっそう重点を置いている。また同時に、私たちのアイデンティティが感受性と人生経験の結合から生まれたことを踏まえて、患者のアイデンティティと、その脆弱になった人生における出来事も重視する。患者の性格は臆病で内気、また控え目で怖がりでもあり、確実に心配性である。完璧主義者で、到達不可能な理想の身体を目指し、完全さの追求に多くの感情と時間を費やすが、追求しても到達できないため、強い欲求不満が生まれる。その要求の厳しさは過剰だ。自身に対して非常に批判的であり、どんなに些細な点でもありとあらゆる身体的欠陥を拾い上げ、集中的に向き合い、そこから否定的な感情や苦悩、同時に他者から拒絶される恐怖が姿を現してくる。批判アレルギーに苦しみ、特に自身の身体（とりわけ深刻な身体的欠陥とみなしている点）に対する批判を嫌悪し、それが強烈な恥の感情をもたらす。他者との交わりを徹底的に避ける傾向があり、うわべだけのつき合いをしたり、短期間の部分的な関係（たとえば「性的関係だけ」など）を重ねたりして、感情面で親密になる状況を避けようとする。自尊感情が弱く、自分の価値観を外見へと集約させる。そして常に他者の外見と比べるのだが、そこには偏見が入りこみ、自分の美しさを過小評価して、他者の美しさを過大評価する傾向がある。強烈な美的感覚をもち、美しさと醜さに対する感情的反応が非常に大きく、美しさの重要性を過大に評価する。こういった特徴はすべて、この障害における脆弱さの要因とみなされる。

## 私たちは欠点があって当たり前ということを忘れてしまう

醜形恐怖症の患者は、子ども時代に受けた感情的、性的、または身体的虐待、あるいは人前での失敗、身体的外傷や病気、ストレスや拒絶を感じる経験など、これまでの人生でトラウマとなる体験をしてきたと考えられる。こうした忘れがたい出来事が、身体的外見に対する通常の認識をくつがえし、自身の身体、さらには自身の全人格を尊重して受け入れるという自負をなくしてしまったのかもしれない。いったん症状が現れると、たいていは自分の外見のごくわずかな変化についてそれまで以上に気にかけるようになり、その変化を否定的に解釈する。自分が認識していると思っている自分の姿と一致しない情報はすべて曲解してしまうのだ。おそらく自分の外見を頻繁にからかわれ、その経験が自尊心の低さや抑うつ状態に加えて自身の身体への不満を生んできたと思われる。ただし、醜形恐怖症の患者は感受性がさらに鋭敏になっているという点に留意すべきだろう。他者の意見にいっそう強く影響されるため、日々実際に受けている批判よりもたくさんの批判の目が自分に向けられていると感じてしまうのだ。したがって、からかいの言葉は発症の引き金や症状悪化の原因となるだけでなく、批判に対する過敏さを引き出してしまう恐れもある。

## 文化と生物学

文化もまた、個人の自己イメージの形成と美的な判断基準に影響を与える。身体的な完璧さに対する一種の信仰ともいえる、否定しがたい社会的圧力が存在するのだ。テレビ番組や街角で、買い物中の店先や映画館で、あるいはインターネットやSNSを見ているときにも、日常的に強要される完璧さと美しさの模範に、私たちはまさに襲われている。そのうえ、美しさのただ一つのモデルにさらされつづけるうちに、だれでも欠点があって当たり前ということや、スタイルと身体的特徴は人によって多様であるということを忘れてしまう。美しさや痩せていることや体形をその人物の価値にいっそう強く結びつける社会に身を置くうちに、美への感受性がさらに強くなり、私たちのアイデンティティの発達において美的感覚が占める割合はより高まる。そして、自分の外見によって自らの価値を判断するようになり、健康と幸福に関する潜在能力を発展させる機会を失ってしまう。この現象は若い世代（子どもと青少年の年代）、そしてこの種のメッセージに特に敏感な人々の間ではいっそう顕著だ。こうした圧力も醜形恐怖症の発症の付加的要因となると考えられる。

生物学的観点からは、遺伝学的研究および神経科学的研究の初期段階における結果によって、ある遺伝子が身体の美的イメージへの感受性と脳内の機能障害に関与していることがわかった。通常は身体全体のイメージの把握を可能にする「情報の全体観的処理《ホリスティック》」を行う領域で、脳の活動が弱くなっていることが観察されたのだ。この活動低下により、たとえば顔の細部から顔全体へといった、ディテールを全体に組み入れる処理がうまくできなくなる。結果として、身体のある一面に固執するあまり、他の部位とアイデンティティを忘れてしまうという、醜形恐怖症に特有の現象が起こる。

このように、醜形恐怖症の原因は複雑で多岐にわたっている。あらゆる精神疾患の発現時と同様に、さまざまな神経生物学的、心理学的、社会文化的要因が相互に作用する重層的な様相が見られる。そしてこの研究は、まだ始まったばかりだ。

**私を慕う者よ、私の手足を切り落とすがよい！**

「もし私の鼻が貴殿のようであったなら、すぐさま切り落とさねばなりません！」というのは、『シラノ・ド・ベルジュラック』の台詞だ。「先生、お願いですから私の左脚を切ってください！　これは私のじゃないんです！」。こちらは現実の話で、身体完全同一性障害（英語の略称はBIID）という。精神医学界の記録には三〇〇例あるといわれている。BIIDでは、主に左側の腕や脚が自分のものではないと思い込み、なんとしても取り除かなければならないと主張するという症状が現れる。脳の画像検査によると、本人の望まない四肢を刺激しても、私たちの身体を表している「身体図式（訳注／身体に関する潜在的な知覚の枠組み）」を構築するための触覚と視覚を統合する領域、脳の右上頭頂小葉には活動が見られない。原因は不明だが、脳が四肢を統合することを拒否しているのだ。患者のなかには、松葉杖で歩いたり、車椅子を使ったり、要らない腕を背中に回したりして、すでに四肢を切断されたかのようにふるまい、ささやかな幸福を感じる者もいる。トランスジェンダーの人が、手術を受ける前から自分とは反対の性別向けの服装を身に着けるのとやや似ている。つまり、完全に自分らしくあるためには、手足がひとつ余分なのだ。

二〇〇〇年にBIIDの患者ふたりの脚を切断したある外科医が、ひき続き手術を実施しようとして糾弾され、その結果、外科界を困惑させる倫理的議論が起こった。神経生物学者のモー・コスタンディは、自身のすばらしいブログの長文記事の最後にこう明言している。このような症例では絶対に切断すべきであり、さもなければ患者の命にかかわる。コスタンディによると、銃や「自家製ギロチン」で切断しようとする患者もいるという。さらには、切断の「闇手術」に頼る者もいる。たとえば、八〇代のある男性はメキシコでひそかに手術を受けたが、壊疽が原因でホテルの部屋で亡くなった。
現在でも認知度の低いこの症候群の全容はまだはっきりわかっていない。だが、醜形恐怖症と混同しないよう注意すべきだ。醜形恐怖症の患者は、ときには錯乱にいたるまで、身体の一部（鼻など）がひどく醜いと信じ込むが、その部位の切除を願い出るほどではない。また、ドイツ人医師のリヒャルト・フォン・クラフト＝エビングの代表作『変態性欲心理』で取り上げられ、一八八六年から二〇世紀初頭まで調査された身体欠損性愛者（手足の欠けた人に性的関心を抱く人）や、四肢欠損性愛者（自分自身が四肢を切断されるという想像に性的関心を覚えて興奮する人）でもない。とりわけ混同してはならないのは、恋愛にまつわる切断者だ。たとえば一七八五年、あるイギリス人男性が片脚のない女性を射止めようとして、自らの脚を一本切らせた。武器を持ち出して外科医を脅し、手術させたのだ。だが悲しいかな、お相手の婦人がこの愛情表現に感じ入ったかどうかは定かではない。筆者自身は、切断に手を貸すなどまっぴらだ。

ジャン＝フランソワ・マルミオン

出典：モー・コスタンディのブログより「自発的四肢切断の科学と倫理」

# Ambivalences de la beauté dans les parures corporelles

# 身体装飾の美しさにおける両義性

ダビッド・ル・ブルトン

ストラスブール大学
社会学教授

美しさの追求は、身体装飾の最大の動機のひとつだ。その歴史はおそらく人類の歴史と同じくらい古く、とりわけ髪型の整え方や天然の顔料を用いた肌への彩色法といった形式は、自分自身が集団に適合していることの象徴、取り巻く世界、集団に固有の美学を表している。現代社会における身体装飾は、往々にしてきわめて個人的な意味付けとともに自分を目立たせようとする行為だが、伝統的社会では根拠のない気ままな形を前面に出すのではなく、家系や氏族、あるいは年齢層といったものに組み込まれている。それは地位を示すと同時に、多数の意味を重ね合わせている場合が多い。たとえば、性的特質の付与、男性または女性として成人した状態、同胞団体への所属、美しさ、飾り、エロティシズム、多産、個人的資質、階級、保護、占い、犠牲、服喪、汚名などだ。身体装飾には消せないものも一時的なものもある。多くの場合、重要なのは目に見えるようにすることだ。入れ墨は色の濃い肌より明るい色の肌のほうが目立つが、逆に瘢痕文身《スカリフィケーション》（訳注／皮膚に切込みを入れたり焼灼《しょうじゃく》したりして身体に模様を入れること）は色の濃い肌のほうがはっきり見え、とりわけケロイドや盛り上がった傷痕などではそれが顕著だ。身体を彩る色にもはっきりとした意味があることが多い。たとえば、特別な力、先祖とのつながり、神々、年齢層、また喜びや悲しみ、健康などを示している。それぞれの地位に従って、衣服で覆われてしまうかどうかを考慮し、身体の決められた部位に集団内で認識されやすい印がつけられ、修正され、除去される。外部と接触する部位である口、手、足に装飾を施す場合が最も多い。

## 装飾された身体は世界を語る

身体装飾には身体に付け足すもの（彩色、粘土ペースト、入れ墨、化粧、紅白粉、スカリフィケーション、ケロイド、宝石、皮下インプラント、お歯黒、歯の埋め込み装飾、規定の髪型など）、身体から一部を取り去るタイプ（割礼、性器切除、女性器の縫合、脱毛、切断、穿孔、抜歯、歯の研磨など）、さらには身体の部位そのもの（首、耳、唇、脚、頭、鼻）に加工を施すタイプがある。線彫りまたは浮き彫りによるスカリフィケーションは、骨、象牙片、木片、貝、石、動物の爪など、なんらかの異物を皮下に挿入する際の最初の手順となることもある。ある集団特有の象徴を反映するものとして、腹、背中、手、脚、足、あるいは顔に、線彫りや浮き彫りで幾何学模様のモチーフを描くこともある。またスカリフィケーションは、言語手段や、人間と人間をとり巻く見えない存在との共鳴手段という役割も皮膚に与える。世界の各地で、美の製造は他の装身具にもおよぶようになっていく。指輪、腕輪、アンクレット、首飾り、耳飾り、鼻飾り、唇や口の飾りなどがつくられ、素材には木、金属、鳥の羽、貝などが用いられた。たとえば、ラブレットと呼ばれる唇飾りは、石や焼成粘土、骨、象牙、石英を材料としている。チャド湖付近で発見された最古のラブレットは水晶製で、新石器時代の産物だ。アメリカ先住民や、マヤ人、インカ人のなかには、子どもの額と後頭部を二枚の板ではさんだり、他の手法を用いたりして、頭の形を変えることに力を入れていた集団もある。そうすると頭蓋骨は平たく変形し、横から見ると鼻筋とほぼ並行になる。マヤ人は斜視を美しさと結びつけた。斜視をつくりだすために、母親たちは子どもの髪に小さい布を結びつけ、身体を動かすたびに目の前でゆらぐ様子を見せるようにした。

体表の文様、文化の象徴を示すその造形、すなわち肉そのものの文様や表面の装飾、髪や体毛の整え方などは、人間のあり方の基本データであり、世界との関係を美的に高める探究である。どんな人間社会も、世界にその存在、とりわけコミュニティ固有の作品としての身体を示したいという意思と無縁ではいられない。皮膚とは、印を刻む面なのだ。体表の文様が意味をなすのは、個々の文化的状況の範囲に限られ、その状況から切り離すと本来の意味を失ってしまう。皮膚の文様は性的アイデンティティを強めている場合が多い。男性の肌には、どちらかといえば雄々しさや、立派な働きなどを示す文様が描かれ、女性の肌の文様は多産や誘惑を表す……。だが土地が変われば、そこには独特な文様があり、コミュニティに属する者たちは戦や狩りなどの功績に応じて与えられた文様を肌に描く。たとえば、マオリの族長は顔の入れ墨（「モコ」と呼ばれる）によって自らの経歴が識別されることを知っており、かつてヨーロッパから来た人間と初めて接触した頃にはそれを署名代わりに使っていた。あるいは文様職人が、相手からヒントを得て相手に合わせた新たな文様を描く場合もある。こうして、太平洋地域では入れ墨職人が伝統的な文様から新たな文様を生み出す芸術家となっている。入れ墨は人によって違い、決して同じものはない。さらには、入れ墨を入れる手段や必要性によっても、他者と同じ形にはならない[1]。装飾された身体は世界を語り、象徴によって反映される世界は、個人的なものとなる。

一九世紀の日本では、入れ墨の美しさが、火消し、人夫、船頭、駕籠《かご》かき、人力車夫といった庶民のわずかな社会的価値を高めてくれていた。「火消しの下っ端たちは（不十分な）装備で、身にまとうのは往々にして短い半纏だけだった。見事な入れ墨によって『裸の状態』を心理的に埋め合わせようとしていたのは、彼らのような平民だった。入れ墨は立ち向かう危険から身を守るための一種の護符である」[2]。平民は、自分たちには閉ざされている武士階級に対抗して、勇敢さと苦痛に対する忍耐力を示そうとしていた。自分たちを従属的地位に置く社会の枠組みを示すと同時に、威厳と個人としての価値を主張していたのだ。

一方、ニジェールの遊牧民ボロロ族は、保護区の牧草地を回復させるため、二カ月にわたって家畜に塩分を含んだ草を食ませる間に、年に一度の誘惑の儀式である婚約者のパレード〈ゲレウォール〉を行う。男性は肌にシアバターを塗り、髪型を整え、顔には化粧を施して美しさに磨きをかける。そして、とっておきの装飾品（真珠と羽飾りをあしらった帽子、首飾り、腕輪、ターバン、ガラス細工など）を身につけて女性の前に並び、女性によっていちばんの美男子が選ばれるのを待つ[3]。スーダンのヌバ族は、身体の彩色を用いて美しさをさらに高め、独自のスタイルをもつことで知られている。その身体構造に関する語彙の豊かさが、身体への熱の入れ方を表している。目に見えるすべての筋肉、さらには筋肉と筋肉の間の領域にいたるまで名付けられているのだ。異なる傷痕まで細かく区別されている点も、外見に対する関心を証明している。だからこそ、身体の美しさを高める際の目標が、美しくするためにその人の欠点を消すこととなる場合もある。動物のモチーフの入れ墨をまとうのは、特別な象徴の反映というより、たとえばキリン[4]のように、背中のラインに溶け込んだ模様の美しさを示すためだ。

## 皮膚とは、印を刻む面なのだ

## エロス化する身体

こうした観点が社会的な重要性を失うことは決してないとしても、肌の上の印には誘惑的な意味がある。美しさを強調するその印の目的は、身体のエロス化だ。モザンビークのシャンガーン族の女性の身体にあるスカリフィケーションは、男性の目には性的魅力を高めるものと映る。フランスの人類学者、クロード・レヴィ゠ストロースは、ブラジルのカデュヴェオ族が身体装飾をまとうのは基本的に快楽のためであり、古来からの意味は失われたと述べている。「現在、女性のあいだにこの習慣が続いているのは、性的魅力への配慮からであることはほとんど疑いない。カデュヴェオ族の女の評判は、パラグアイ河の両岸一帯で確立されている。……絵画を使ったこの外科手術は、人間の肉体に一種の芸術的接ぎ木をするのである。……恐らく、紅白粉のエロティックな効果も、これほど系統だって意識的に開発されたことはかつてなかっただろう」[5]（『悲しき熱帯』川田順三訳、中央公論新社）。フランス領ポリネシアのマルケサス諸島に伝わる入れ墨の起源についての神話を読むと、その文様に重なってエロティシズムがたちどころに感じられる。「ハマタキーはトゥー神に出会った。神は悲しげな様子だった。『なぜそのように悲しい顔を？』という問いに神は答える。妻が自分を捨てて好色な男たちに身を任せているのだ。『奥方を取り戻したいなら、入れ墨で身を飾りなさい。あまりに美しい変身ぶりに、奥方も見違えるような気持ちになって、きっと戻ってくるでしょう。さあ、今すぐ入れ墨を！』。ハマタキーが入れ墨を施すと、トゥー神は見違えるほど魅力的になり、どんな女性も神を自分のものにしたいと思うほどだった。その様子を見た奥方は、すぐに神のもとへ戻ってきた。それ以来、だれもが入れ墨をしたがるようになった」[6]。一六世紀の終わり頃に江戸で行われていた入れぼくろは、入れ墨というエロティックな技法が究極まで洗練された慣習だった。恋人たちが互いの手首に墨で小さい点を描くというものだ。ふたりが手を握ると、入れぼくろが交わる[7]。同じ頃、色街にも、ほとんど目に見えないがアルコールや熱い風呂によって色が現れるという入れ墨があった。さらにフランス人ジャーナリスト、フィリップ・ポンスは、とりわけ明らかにエロティックな職業の女性に施される具象的な入れ墨について記述している。たとえば、女性の身体に描かれた巨大なタコは、その足を女性の脚にからませ、女性器はその口に見立てられている。

## 恥とプライドのはざまで

どんな人間社会でも、それぞれの定義に合わせて体形を最も魅力的な形へとつくりかえようとする。美の概念は、とりわけ個人の社会においては非常に主観的だ。恋人の美しさをほめちぎる男性は、友人たちの皮肉めいたほほえみには気づかない。恋人の特徴に無限の美しさしか見ない者を、愛は驚きのあまり盲目にしてしまう。美しさは、まなざしの歓喜をかきたてるという意味で拡散していった付録のようなものだ。あらゆる文化が美の追求を望み、美しさが人間の宿命的限界に固有のものだとしても、それは、場所や時代に合わせてさまざまな形や意味をもつ。ある人にとって美

頬に入れた何本ものスカリフィケーションが表す意味は、サラ族の村とパリのサン・ミシェル大通りでは異なっている

しいものが、他の人にとっては醜いのである。美しさに普遍的な定義を与えるのは困難だ。ある社会や集団が美しさに驚嘆しても、別の社会や集団はそれを嫌悪することもあり、何を美しいものとして支持するかを選ぶのはさらに難しい。アフリカやアメリカの古い部族が行う上唇または下唇を極端に広げるラブレットは、美しさを高める行為に連なるものだが、私たちの社会ではむしろ切断、さらには損壊とみなされ、困惑を招く。かつては美しいと考えられていたことが、今日では否定的な意味合いをもつ場合もある。たとえば、付けぼくろや真っ白な粉をはたいた顔、かつらなど、アンシャン・レジーム期の貴族やブルジョワを美しく見せていた慣習は、今では悪趣味だと拒絶されることだろう。チャドのサラ族のイニシエーションを最後まで体験したいと考えていた民族学者のロベール・ジョランは、顔にスカリフィケーションを入れる[8]直前までは儀式に乗り気だった。ところが彼はそこで逃げだした。サラ族に溶け込みながら、儀式を受ける他の部族民と同じ立場で、正当に部族の一員として儀式の体験を要求することで自分と他の部族民との違いをあれほど否定したがっていたにもかかわらず、皮肉なことにその違いをあからさまにしてしまった。というのも、頬に入れた何本ものスカリフィケーションが表す意味は、サラ族の村とパリのサン・ミシェル大通りでは異なっているからだ。

　同様に、顔や身体の伝統的な印は、かつては集団に属することの価値

にもとづく誇りと美しさ、ある家系に組み込まれた証、祖先とのつながり、世界観などを示していた。だが、今日では都市化とグローバル化にのまれてその意味を失いつつある。成人の男性や女性としての地位を得た若者の間で、そうした印が喜びとともに深く浸透していたとしても、むしろ現代のアフリカの村では、あまりにも目立ちすぎて隠し切れない烙印と解釈される。集団への伝統的な帰属から切り離され、個人は家系を示す価値ある象徴としてではなく、むしろ醜くするためのものとしてその痕が残ってしまう。さまざまな例があるなか、トーゴの作家カンギ・アレムが挙げているのは、サラ族出身で顔に何本もの長いスカリフィケーションがある女性の話だ。故郷の村で暮らしていた頃、イニシエーションの儀式で感じていた誇らしさとはうらはらに、今は胸をえぐられるような恥ずかしさを感じていると彼女は語る。あるNGO（非政府組織）の人権活動家としてアフリカやヨーロッパの街を訪れる時、彼女の顔は他者との関係において絶え間ない試練をもたらす。小学校でも大学でも、「呪いの人形の顔」「永遠の涙」「線路の女の子」といったあだ名をつけられ、数えきれないほどからかわれている。美しさとは、植物や動物、石や物体のように身のまわりで見つけられる客観性ではない。美しさは伝統ではなく、世界への目の向け方、意味の投影なのだ。

伝統的な社会では、入れ墨がコミュニティに浸透し、だれの目にも明らかな模様のデザインが示す宗教的、社会的、秩序的価値を従えているが、逆に現代社会においては、図案の選択は自分の美しさを高めたいと願う個人的探求の表れである。文化の証や、社会的に保たれている世界観にまつわるものではなく、個人の所有物、美しさの私的な追求なのだ。こうして際立たせた皮膚の表面は、独特のオーラを放つ。エロス化され、過剰に投資されて、個人の人生に意味と遊び心を付加する。

それは往々にして、失われた身体と世界の奪還という体験となる。皮膚に自らの存在の物理的な証を刻み、自分自身を手に入れ、（意味的にも実際にも）境界線を彫り、自分を支配する感覚を取り戻させる印を彫るのだ。きっかけは自分の美化と美しさの追求だったが、どんな入れ墨もさまざまな個人的意味がからみ合ったものになる。身近な人々や出来事、劇的な事件や成功の思い出を描き出し、日々の危険を遠ざけるお守りや身を守る盾ともなる入れ墨は、社会的に支持される記号を用いて人の目を引くことが重要な世界において、自己を構成するごく当たり前の要素として、内面の力と成熟をもたらしてくれる。外見をいっそう美しくする働きをもつこうした皮膚の装飾も、今後は誘惑のレパートリーに加えられることになるだろう。過剰なまでに身体に意味を与え、自分自身にも他者に対しても存在を主張する手段となるのだ。

# GRANDEURS ET MISÈRES DE LA CHIRURGIE ESTHÉTIQUE

## 美容整形の光と影

アガット・ギヨ
シアンス・ユメーヌ社編集長

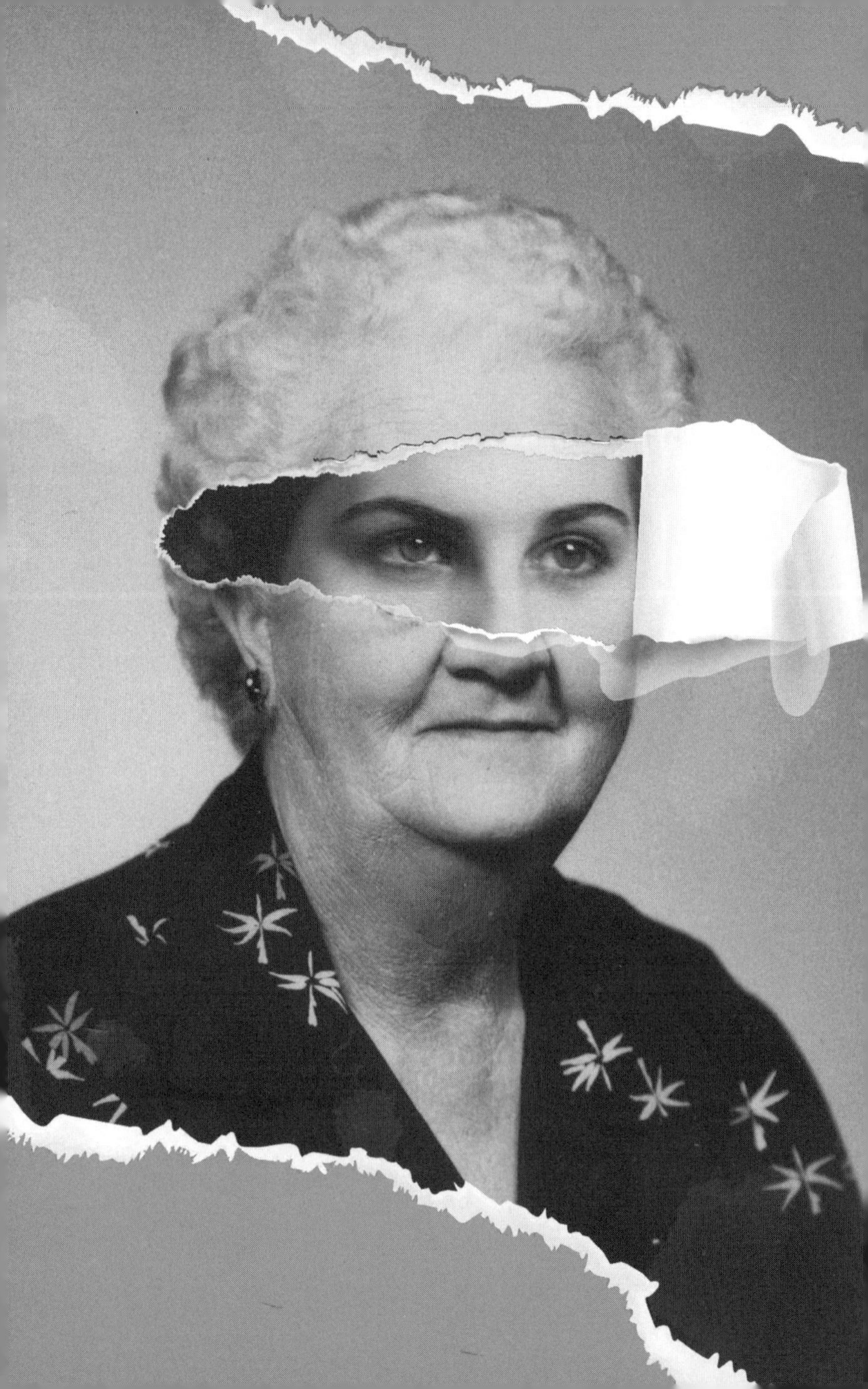

「美しさとは幸福の約束である」。これはスタンダールの言葉だ。実際、鼻がもっと高かったら、だらしなくたるんだ下腹の肉をなくせたら、また逆に、もっと肉づきがよかったら、などと思ったことのない人がいるだろうか？　スポーツやダイエット、化粧品でも対処できない場合、どこまで美しくなりたいかという願望に応じてある程度まとまったお金があれば、美容整形はわずかな努力と引き換えに、ときには奇跡を起こしてくれるようだ。だが「隣の芝生は青い」ということわざのとおり、**本来は**必要のない整形手術に身を委ねても、ずっと求めていた幸せが手に入るわけではない。

## 形成術の歴史

自分の身体を改良したい、少なくともさらに魅力的に見せたいという願いは、人間にはつきものだ。そこから化粧や装飾、入れ墨、スカリフィケーション、ピアッシングといった身体改造が生まれた。エジプトとインドに残る外科学の古文書には、たとえば口唇裂（一般的な呼称は三口《みつくち》）を修復するためなど、形成術とも呼べる手術の記録が残されている。近代外科学における初の手術は、一七九二年にインドでイギリス軍所属の牛飼いに対して行われた鼻形成術だった。額の皮膚片を採取して、損傷のひどい鼻を再建するというものだ。この種の手術は現在でも行われているが、初めての記述が登場するのはヒンドゥー教の聖典〈ヴェーダ〉だと言われている。イタリアでは、一六世紀の終わりにガスパーレ・タリアコッチの執刀によってまた別の鼻形成術が誕生した。鼻梁を再建するため、腕の皮膚の一部を鼻に移植したという。中世には、手術の実施に神自身の手がかかわっていると主張する外科医もいたものの、人間の外見を修正する行為は強く非難され、さらには断罪された。神の摂理が人間の姿をつくったのだから、そこに介入するのは問題外というわけだ。

一九世紀になってようやく、損傷を受けた身体の修復に加えて、美しさを求める手術を行う外科医が登場する。たとえば、何度か落胆を味わったのち、その名声がアメリカまで届くほどの形成外科医となったドイツ人の整形外科研修指導医、ジャック・ヨセフ。また、ニュージーランド出身の腕利きの外科医、ハロルド・ギリス。[1] 顎《あご》－顔面の再建手術への扉を完全に開いたのは、第一次世界大戦の大量の顔面負傷者だった。兵士たちが戦闘で負った恐ろしい損傷（顎半分の欠損、頭蓋骨の陥没など）は、外科医の知識を深め、毎月のように手術を重ねるなかで、戦士の名にふさわしい顔面を再建する機会を与えてくれた。

## 形成手術、再建手術、美容外科手術

形成手術と再建手術、さらに美容外科手術の間には、さまざまな違いがあるだけでなく、複雑な要素もからんでいる。

形成手術は、生まれつきの変形や事故による変形を修復したり整えたりするものだが、これを補完する「再建手術」は、その名が示すとおり病気や怪我によって損傷した身体を再建するためのものだ（乳がん後の乳房再建、重度のやけどに対する皮膚移植など）。フランスの社会保険〈セキュリテ・ソシアル〉で費用が払い戻される（この点に重要な意味があることはのちほどわかる）こうした手術は、患者が心身ともに最良の状態で暮らしていくために必要である。たとえ乳房がなくても、また肌の一部にやけどを負っていても、生きられるのは間違いないが、心理的、および社会的代償はどれほど大きいだろう。

一方、美容外科手術は、病気や奇形ではないが、患者から見れば介入が必要と思われる容姿の改良を請け負っている……。だが私たちは、耳がまるで「カリフラワー」のようだとか、あるいは、子供の頃はとてもかわいらしい上向きの鼻が今では欠点だなどと、いつ判断するのだろうか？ 精神分析医のカウンセリングに払い戻しがないのと同様に、不必要と判断された手術でも払い戻しは受けられないため、美容外科手術のもつきわめて心理的な側面は問題になるかもしれない。事実、フランスの医療制度──他の多くの国でも同様だが──においては、再建手術なのか美容手術なのか、つまり保険で負担してもらえるのか、そうでないのか、という現実的な違いがある。[2]

純粋な美容外科手術についてさらに語る前に、重要な点をふたつ確認しておきたい。まず外科医は、その専門分野が何であろうと、自分たちの職場においてはルーティンとみなされるような手術でも（皺取り、脂肪吸引など）、その性質上（移植、切除など）、あるいは施術部位（顔、性器、胸など）によってはきわめて複雑な手術に全力をつくすプロである。そして、手術とは外科的次元に属するもので、実際、麻酔中にも、手術台の上でも、また術後にも患者にとってリスクをともなう。これがふたつ目の指摘だ。数多くの潜在的に危険な要素に左右されることなく、鼻の形を変えたり、まぶたを引き上げたり、乳房を大きくしたりできるなどと考えてはならない。こういった理由から、どんな手術でも（他のあらゆる手術と同様、美容外科手術や形成手術においても）、施術医師と患者は個人面談の機会を設けて、まず医師が必要な情報をすべて提示し、患者の状態（健康状態、年齢、職業、習慣、人生設計、家族構成……）を判断することになっている。患者が熟考したうえでインフォームド・コンセントを行うための措置であり、その同意は二週間以内なら撤回できる。[3]

イフォップ社がフランスのウェブマガジン『ボヌール・エ・サンテ』の依頼で二〇一八年に実施した調査[4]によると、フランス人女性のうち美容外科手術を受けたことのある人は一〇パーセントにとどまり、思いのほか広まっていないことが明らかになった。この調査ではあらゆる社会カテゴリーが対象とされ、年齢や社会職務階層に関係なく、特定のタイプを選び出すことは難しい。しかし、二〇〇二年と二〇〇九年を見ると、豊胸手術は他の手術ほど多いとは言えなかったが（二〇〇二年は九パーセント、二〇〇九年は一九パーセント）、今日では急増し、なんと全手術数の四九パーセントに達している！　かつては鼻形成術が首位に立っていたが、現在はわずか五パーセントにすぎず、皺取り手術は四パーセント、皺取り注射は一二パーセントである。

## 鏡よ鏡、私の美しい鏡

それにしても、人々を、とりわけ女性を（男女比はおよそ二五対七五だ）美容整形（眠らせて皮膚を切り、骨を削る）へとかりたてるものはいったいなんだろう？　その答えは、ポーランドの社会学者ジグムント・バウマンが名付けた「液状化社会」を見定めることにあるようだ。超リベラルな消費社会では、ほんの少しでも余裕があれば、だれもが美容整形外科で買い物できる。モニカ・ベルッチと同じ鼻、キム・カーダシアンと同じお尻が欲しいという注文を妨げるものは何もない。超個人主義、そしてイメージの重要性の高まりが、バービー人形とボーイフレンドのケンのようになりたいという願望を間違いなく後押ししており、今では女性雑誌やタブロイド紙のトップ記事にもなるほどだ。

## モニカ・ベルッチの鼻、キム・カーダシアンのお尻

ここで、キャットウーマンとして知られるアメリカ人女性、ジョセリン・ウィルデンシュタインの受けた、信じがたく、恐ろしくもある美容整形の有名なエピソードに触れないわけにはいかないだろう。億万長者の夫、アレック・ウィルデンシュタインを喜ばせようとして、夫の溺愛する猫に外見を近づけるため、妻は無数の整形を重ねた。だがその結果、妻の姿に恐れをなして、夫は別の女性のもとへと去ってしまった。バービー人形のボーイフレンドのケンをそのまま人間にしたようなロドリゴ・アルベスの例も挙げておこう。七二回もの手術を受けた後、現在、彼は深刻な危険に直面しており、鼻が文字通り崩壊しそうになっている。さらに、ドイツ人モデルのマルティナ・ビッグの場合、比較的クラシカルな白人の容姿だったが、肌も髪も瞳の色ももっと濃くしたいと、メラトニン産生を刺激する物質を注入しつづけた。そして現在、「アフリカ人」としての名前はマライカ・クブワ[5]という。さらに、乳房とお尻を過剰なまでに豊満にしたため、この種の手術を受けた多数の人々と同じように、自らの健康や生命までも危険にさらしている。フランスでは「**シルルジ**

ー・ア・トゥ・プリ」（訳注／何がなんでも整形したい）というタイトルがつけられているアメリカのリアリティ番組、「**ボッチド**」（英語で失敗した、しくじったの意味）では、（「**エクストリーム・メイクオーバー**」（訳注／極端な変身）など、さらに強烈な内容の番組と比べて）この問題を手際よく取り上げている。「ボッチド」に出演する外科医が実際に優れた手腕と知名度を備えていても、番組はその名声を利用してはいない。また、ロサンゼルス（美容外科手術と美しい容姿の殿堂があるとすれば、ブラジルのリオとならぶ聖地とされる）で番組の収録が行われていることとも関係はない。こうした過剰な手術が健康に深刻な被害をおよぼしかねないこと、そして人間の身体には超えてはならない限界があることを、「ボッチド」は誠実に示そうとしているのだ。

だが逆に、自らの患者や顧客が不利益をこうむっても、こうした手術を行う無軌道な外科医もいる。ヒポクラテスの誓いで**プリームム・ノン・ノケーレ**、「何よりまず害をなさないこと」と規定されているのに、はたして彼らを外科医と呼べるのだろうか。最後には断罪される医師もいるが、彼らが罪に問われるまでに、いったいどれほどの惨事と被害者による証言が必要なのだろうか？二〇一〇年代の初めに起きたフランスのＰＩＰ（ポリ・アンプラン・プロテーズ）社による乳房インプラントの有名な事件も、患者に対する製薬会社の配慮のなさを如実に示すものだ。

最後に、心理的不快感を主な理由として美容外科手術を受ける人もいる点に注目しておきたい。そういう人たちにとっては、手術を受ける（化粧や減量療法などの美容術と比べると抜本的な対策だ）ことが、自らの体調をよりよく整え、他者の視線に耐える唯一の手段である。だが、こうした心理的不快感を、社会保険での払い戻しの対象に含めるべきかどうかは判断が難しい。健康を「完

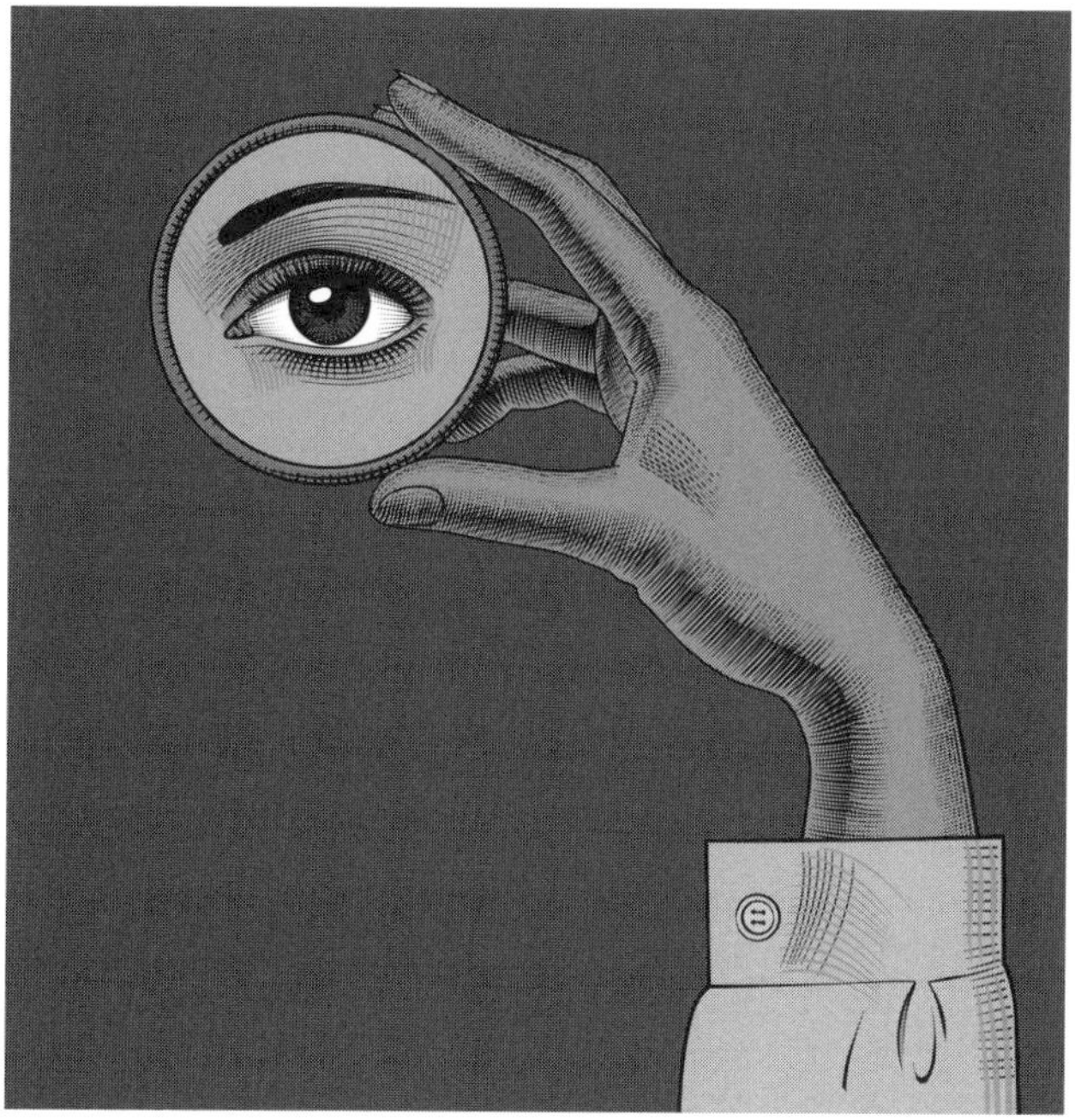

全な充足状態」と定義するＷＨＯ（世界保健機関）の主張を考えるとなおさらだ……。この種の現象が最も悲惨な影響をおよぼしているのは、おそらく韓国だろう。この国ではアメリカ、ブラジルに続いて、年間一二〇万もの人が美容外科手術を受けている[6]が、自殺率も世界第四位である。はたしてそこには、なんらかの関連性があるのだろうか？

Body Art:
le corps humain
comme œuvre d'art

# ボディーアート
## ——芸術作品としての人体

フロリアーヌ・エレーロ

博物館学者
写真史専門家

nice!

ボディーアートの意味は、一見わかりやすく思えるが、実は信じられないほど多様な芸術が網羅されている。この言葉は主に、時間的にも地理的にも、意味においてもばらばらではあるが、それでもやはり関連が見られる、ふたつの芸術的現実を表現するために用いられる。

まず、ボディーアートは身体への介入（ボディーペインティング、服装、仮面、タトゥー、スカリフィケーション、ピアッシング……）を表し、社会的な帰属の表現として、また同時に個性の主張として世界中で行われている。現在、この種のボディーアートの「グローバリゼーション」が拡散しつつあり、西洋ではタトゥーとピアッシングが中心となっている。本章の目的は、そうしたボディーアートの正当性を分析することではない。一方、現代芸術の分野では、一九六〇年代以降、身体、特に女性アーティストの身体は演出が施され、視線を浴び、分析されてきた。ここでは、こちらのボディーアートについて論じよう。ボディーアートでは、身体はもはや理想化され、模倣され、解体されるだけではない。美しさの規範となるどころか、真正で、うつろいやすく、はかなく、不完全であると主張するなんらかの身体的現実において、身体はその存在感を発揮する。

一九一〇年代から一九二〇年代、前衛芸術家たちは創作の道具として自らの身体を用いはじめた。ダダイストと未来派は、カフェや劇場を舞台に、ノイズや動きのなかに人目を引きつける不敵なパフォーマンスをつくりあげた。一九五〇年代から一九六〇年代は、戦後の自由と（束の間の）繁栄を背景に、アメリカやフランスや日本の芸術家たちが、時代の気分に従って、アクションのアイデア、制作、そして完成品より「つくる」ことへ重点をしだいに移しながら、画廊や公共の場での制作に打ち込んだ。このように過激な転換の目的は、芸術作品に対する従来の認識を見直すことだった。たとえば、アメリカの芸術家、アラン・カプローは、観客の参加も認めつつ、観客の面前で即興でつくりだされる一連の表現活動、**ハプニング**を披露した。日本では、具体美術協会の芸術家たちが、紙の衝立を突き破り、泥のなかをのたうちまわった。フランスでは、イヴ・クラインが女性の身体を生きた絵筆として使い、**人体測定**（訳注／絵の具を塗った女性の裸体をキャンバスに写し取る作品）をつくりだした。こうしたパフォーマンスが創造の仲介物の役割を身体に強いても、身体はなおも道具という役割を乗り越えようともがいていた。身体そのものには意味はなく、身体のなかにも、身体によっても、語る言葉は形をなさないのだ。

## ボディーアートとフェミニズム

その後急速に、男性、白人、異性愛者に支配される前衛芸術に対して、女性たちが反対の声を上げはじめる。身体に頼ることがステレオタイプ化していた状況に、当時全盛だったフェミニズムが闘いを挑んだのだ。多数の女性芸術家も自らの身体を作品に用いるようになったが、アプローチの仕方は戦闘的で、女性と女らしさについて単純化された定義を爆発的に広めようとしていた。もはや美しく官能的な身体、扇情的な女奴隷、あるいは理想の女神のような身体ではなく、実在する身体、息づいて主張する自由な身体を見せるようになり、最後には文字どおり裸になって、観客を呆然とさせることもしばしばあった。

一九六九年の**アクション・パンツ——性器パニック**で、ヴァリー・エクスポートは、恥部が見えるように三角形の穴を開けたジーンズ姿で登場する。そして映画館の外で、武器を手に脚を開いて座り、性と暴力が混ざり合ったような二重の虚勢を張って、目を向けるどの人にも挑戦的な視線で応えた。同じ年に**タッチ・シネマ**も発表する。上半身を箱で覆った姿で通りを歩き回り、通行人は箱に手を入れて胸にさわれるという仕組みだ。エクスポートはこうした活動の扇動的役割を果たしていた。本人によると、女性のイメージに関するお決まりの型をくつがえせるのは、あまりにも保守的に見える芸術の世界から遠く離れて、日常の世界に乱入する手段だけだという。

ジュディ・シカゴも同様の道を進み、一九七一年、使用済みのタンポンを取り出す自分の写真を発表した。女性にとってはありふれた行為だが、社会にとっては、ましてや芸術にとっては無視と排除の対象となる女性の生理周期という現実を包み隠さず示すことによって、シカゴは、本来の機能も含めて女性の身体の価値を高め、同時に男性の視線を刺激することも忘れなかった。**赤い旗**という題名は、規範と慣習に挑み、女性の身体の理解と受容のされ方をくつがえすような、警戒感と政治色の濃い主張にもとづくこの行動をさらに補強するものだ。

## 創作の伝達手段となる身体

最後に、キャロリー・シュニーマンは、**インテリア・スクロール**（一九七五年）で裸になり、台の上に立ちあがって、自らの膣から少しずつ取り出す巻き物に書かれたフェミニズムの文章を読み上げた。これが内に秘めた力、ここでは自らの表現を見出した女性の身体の力であり、とりわけ生命と力の源であり、性に関する検閲では隠される禁忌の部位、膣の内部から来る力なのだ。

当時、社会全体に満ちていた身体の解放という運動に呼応して、女性の身体に対する新たな認識もこうして確立され、妨げとなる男性の視線から逃れて、美しさと恥じらいの規則を超えた自己主張を目指すようになった。

## ジェンダーとアイデンティティ——境界なき身体

性的アイデンティティとジェンダーの問題も、だんだんと議論のなかに現れはじめた。ジェンダー研究によって、男女の区別がふたたび取り上げられるようになった。一九九〇年代、哲学者のジュディス・バトラーは、生物学的現実それ自体が性による区別を形成するのではなく、ジェンダーを生み出し、男性と女性にそれぞれ異なる意味を与えているのは社会構造ではないかという考え方を確固たるものにした。芸術家は、私たちの性的および社会的アイデンティティが解放された不安定さを示しながら、自らの身体を用いたパフォーマンスを通じてこの問いかけを具現する。写真は、私生活や集団におけるこうした探究を記録するうえで有利な媒体である。

この動きに先立って、一九六〇年代の終わり、スイス人芸術家のウルス・ルティは、自らの両性具有的な容姿を見せつけるような一連の写真を発表した。そして社会的慣習を気にすることなく、男性は自らのもつ女性性を認識し、培うべきだと主張する。それは当時のパートナー、エッキーとの真似し合い遊びのなかで、ふたりの顔が重なって溶け合う写真にも見られる。ルティにとって、この表現は恋人の肌の下に忍び込んでひとつになる試みなのである。

リー・バウリーは、一九八〇年代のロンドンでアンダーグラウンド・シーンの中心的存在だった。異性装という芸術を、当時だれも見たことのない奇抜で創造的なレベルに押し上げ、つねに前の衣装よりもカラフルで風変わりな衣装をまとって自らを改革していった。彼が生み出し、これ見よがしに着てみせた服は、パフォーマンス・アートと、自分の観客や崇拝者がいるナイトライフの世界の掛け橋となった。両性具有的なウルス・ルティとは逆に、バウリーの容姿には存在感がある。その華やかな衣装を通じて、あらゆる性的特徴を超越したキャラクターをつくりあげた。

男性と女性の間のこうした揺らぎは、個人的な歩みであり、アイデンティティの追求と考えられる。ふたりの芸術家が、アンティミスム（訳注／身近な題材に自分の内面を反映させる描写）的な心ふるわせる取り組みによって、その一例を示している。ザッカリー・ドラッカーとリース・アーンストは、互いの性転換を題材に、六年間にわたって身体の変化を記録した一連の写真を使った画像日記を制作した。ときに痛々しいが、つねに象徴的な、ありふれた日常の瞬間を切り取ったこれらの写真、**関係**シリーズ（二〇〇八年～二〇一三年）は、移り変わりと性転換についての視点を与えてくれる。身体的な変化の問題にとどまらず、ふたりの人間と、変容していくふたつの身体にまつわる愛の物語、芸術的関係、人間関係も描いている。

## 身体の限界まで

身体の傷つきやすさも、観客を前にした苦痛と危険の試みに身を投じた芸術家によって問題提起されている。その作品は、危険度の高さと瞬間的な緊張によって意味をなす。観客は他者の苦しみにどこまで耐えられるのだろうか？　その受動的な視線は、どの瞬間から覗き魔や共犯者、さらには黙って見過ごす罪人へと変わるのだろうか？

たとえば一九七一年、カリフォルニアの画廊で行われたパフォーマンス、**発射**で、クリス・バーデンは友人に自分の腕を撃ってくれと頼んだ。衝撃的で、動機のないこの行為の目的は、見る人にベトナム戦争の恐ろしさを呼び覚まさせることだった。毎日のように撃たれていたアメリカ人兵士や現地の一般市民など、すべての犠牲者を、バーデンは束の間だけ体現してみせた。彼の身体に向けられた行為の暴力性によって、当時の社会的暴力を糾弾し、観客にその現実を直視させたのだ。

一方、マリーナ・アブラモビッチは、芸術家としての活動のすべてを、しばしば自らの命を危険にさらすほど妥協のないパフォーマンスに捧げている。芸術と自分自身の生活になんの区別もないと語り、徹底主義にもとづく実践を主張する。おそらく最も直接的な手法で観客と向き合ったのは、**リズム0**《ゼロ》（一九七四年）だろう。完全に受け身で無表情の彼女は、七二個の物体が置いてある場所で、どれでも好きな物を自身の身体に使うよう観客に呼びかける。そこにはオリーブオイルやろうそくだけでなく、のこぎり、ピストル、斧などもあった。六時間後、彼女の身を案じた観客たちが阻止して、このパフォーマンスは終わった。傷つきやすさと精神力の強さは、二〇一〇年にニューヨークのＭｏＭＡ（近代美術館）で三カ月近く開催された、**アーティストはそこにいる**でも主題となった。アブラモビッチは毎日八時間テーブルの前に座る。来場者は向かい側の椅子に座って無言で見つめ合うことができるが、ときには感情が高ぶって涙する人もいた。

ロン・エイシーが、一九八〇年代から論争を巻き起こしつづけていたパフォーマンスにおいて試練にさらしたのは、自らの苦しむ身体だった。本人も、自分の行為は「治癒に役立つフェティシズムの探検」であると語っている。自叙伝的なその演出では、血が流れるような自傷行為がしばしば行われる。エイシーは自分のパフォーマンスが論争を呼ぶ極端なものであることを認識している。自身もHIV陽性者で、エイズウイルスによる虐殺で近しい人の大半が死ぬのを見てきた彼にとって、それは行動主義の具現であるとともに創造的な行為なのだ。たとえば、**過酷な生活の四幕**シリーズでは自分の身体と頭に針を刺し、うつ状態や病気や中毒との闘いを表現している。

## 生身の身体

肉と血、分泌液と体液、容れ物と中身からなる芸術家の身体は、自身にとっても観客にとってもカタルシスをもたらすための芸術的儀式において、生物学的な、生身のあらゆる現実を見せる。ヘルマン・ニッチュをはじめとするウィーン・アクショニズムのメンバーは、演劇と現実のはざまで幻影を見せるような、不気味で強烈な劇を上演した。そこでは人体が直接攻撃されるわけではないが、なだめられ、癒やされ、浄化される対象として、儀式の中心に人体が据えられている。神秘的で血にまみれ、熱に浮かされたようなパフォーマンスでは、人体が利用され、踏みつけにされ、抹殺された第二次世界大戦の暴力を反映しているという分析もある。ニッチュは「オージエン・ミステリエン・テアアーター（秘儀祭と神秘の劇場）」のアイデアを発展させ、一九七一年には城を購入して、定期的に数日にわたって祝祭を開催するようになる。ディオニュソス祭を思わせるが異様な雰囲気もある会場で、音楽が流れるなか、白い服に身を包んだ観客は、ワインと血と動物の内臓を混ぜたものを浴びせかけられる。そうして感覚を呼び覚まし、ある種の恍惚と真理を明かす変容を引き起こすのだ。

こうした儀式的状況が、よりアンティミスム的でミニマルでありながら、あらゆる慣習に抗う行為の中心に置かれているひとつの例として、フランス人芸術家のミシェル・ジュルニアックが一九六九年に開いた芸術的なミサがある。彼は司祭の手ほどきを受けた後、この宗教的模倣に重々しい態度でのぞみ、儀式の終わりには自らの血を入れてつくったブラッドソーセージの薄切りを分け与えた。クリエーターと観客の境界線をあいまいにし、芸術作品を食べ物に変質させるひとつの手法であり、聖体拝領と冒瀆のはざまで創造し破壊する究極の行為である。ジュルニアックにとっては、「身体とはまず、あらゆる創造的企てにとって避けて通れない出発点」であり、美的なだけでなく、身体的、精神的な経験を提供する生身の具現化なのである。

フランスの身体芸術運動におけるもうひとりの中心的存在、芸術家のオルランは、一九九〇年から一連の外科手術を受け、フランソワ・ブーシェの描くエウロペの唇、モナリザの額、さらにはボッティチェリの描くヴィーナスの顎にいたるまで、西洋の古典的名画から抜き出した特徴を自分の身体に組み込んで外見を変化させた。外科医と共謀して、女性の美しさの古典的理想をこれほど多く自らの身体に取り込んだのは、より反論されやすくするためだ。美しさの規範を体現したいのではなく、それを流用し、組み合わせて、自分自身の改革とともに規範の改革も目指している。この

「肉的芸術」の根本にはフェミニズムがある。オランはさらに活動を推し進めて、こめかみにこぶをふたつ埋め込んで顔を変容させた。芸術が伝えてきた女性の姿や、広告やメディアが示す女性の姿とは違った「もう一つのイメージ」を提示したのだ。人によって醜悪な容姿に見られるのは覚悟のうえだ。

## 身体は時代遅れか？

芸術家たちの企てる身体の過激な改造は、テクノロジーとの関連においても見られる。実際、人体の限界について自問する芸術家は、増強され、改良され、あるいはハイブリッドなバージョンをつくりだして、機械に近づきつつある。

すでに一九六〇年代の終わりから、レベッカ・ホルンは彫刻の分野で「身体の拡張」と名付けた作品の制作に取り組んでいた。人間の身体の脆弱性と物理的能力に疑問を投げかける、身に着ける彫刻だ。こうして、背中につける大きな白い羽や、遠くにあるものもさわれるような長い指をつけた手袋などが誕生した。

ステラークの作品は、芸術と科学、生物学とエレクトロニクスの境界線上にある。最も有名なものはおそらく第三の手だろう。日本の技術者と共同してロボットアームを製作し、腕に装着して何度かパフォーマンスを行った。この義肢は、たとえば書く動作に用いられる場合、身体に取り付けられた電極がとらえる筋肉の収縮によって動く仕組みだ。

ステラークが目に見えない手法で人間とテクノロジーを組み合わせたのに対し、ムーン・リーバスとニール・ハービソンのカップルは日常的な実践を試みている。ふたりとも自分をサイボーグとみなしている。珍しい先天性の病気で白と黒以外の色が識別できないハービソンは、音によって色を認識できるよう、二〇〇四年から頭蓋骨にアンテナを埋め込んでいる。リーバスは腕に埋め込んだ装置によって、世界中で起こる地震を感知する。ふたりの芸術家は、感知できないものを認識し、人間の身体の限界を押し広げ、新たな感覚を創造するという意思を守り通していると言う。

だが、ソーシャル・ネットワーク上のバーチャル・アイデンティティが生身のアイデンティティに優先し、生活がオンラインで展開し（いまやどんどんサイズが小さくなり、どこにでも見られるモニターの向こうで食べ、出会い、口説き、交流し、愛し合う）、顔だけでなく体型にもフィルターがかけられて、ますます現実から切り離されていく二一世紀において、まだ身体というものは存在しているのだろうか？　それとも、私たちはバーチャルな自分を改造しつづけるのだろうか？インスタグラムを通じて生活とキャラクターを創造し、こうしたアプリケーションが伝える理想的な外見とステータスに批判的なオンライン・パフォーマンスを制作する若き芸術家、アマリア・ウルマンは、数多くの問いを投げかける。ボディーアートという芸術活動は、現代ではオンラインプラットフォームに向けて大きく舵を切っている。それは、身体がもはや実際には存在せず、ふたたびイメージと概念、実体のない人工的な分身となっているという矛盾に満ちた、身体芸術の新たな形態なのである。

# TATAU
# UNE BREVE HISTOIRE
# DU TATOUAGE

## タトゥー
## ──入れ墨の来歴

アガット・ギヨ
シアンス・ユメーヌ社編集長

STEVENS

ある人にとっては不名誉や逸脱の印、またある人にとっては仲間入りの方法や証。入れ墨には深い意味があり、だれもが関心をもたずにはいられない。その歴史はおそらくこの世界における人類の歴史と同じくらい長いものだが、ここで包括的な紹介文を書くのはおこがましいことだ。しかしながら、この章では最も重要な出来事について取り上げていきたい。

## 入れ墨を詳しく見る

ラ・クロワ紙の依頼で実施されたイフォップ社の調査[1]によると、二〇一八年にはフランスの成人のうち一八パーセントが入れ墨を入れている、あるいは過去に入れていたという[2]。二〇一六年の終わりには、入れ墨の経験者は一四パーセント、二〇一〇年にはわずか一〇パーセントだった。つまりフランスでは急速に拡大しており、調査結果は英仏海峡の向こう側の隣国に近づきつつある。イギリスでは人口の二一パーセントが入れ墨を入れているのだ。アメリカではその割合が三一パーセントにのぼる。

このように、入れ墨は現代社会でますます存在感を増しているが、まだありふれたものとはいえない。大手ブランドは入れ墨を舞台の最前列へと押し出してきた。とりわけ、二〇〇九年のバービー人形五〇周年を記念して、バービーにタンタン[3]（訳注／フランスの入れ墨師）による入れ墨が施されたことは記憶に新しいが、それでもあまりイメージがよくないことに変わりはない。

入れ墨についての科学的なアプローチは、歴史（あらゆる時代と社会において、入れ墨には重要な意味がある）、社会学（社会のなかで、身体は最初に他者に見せるものであり、それに変更を加える意味は決して小さくない）、そして心理学（人が「自身」と結ぶ関係は、身体という容れ物の改造によって変わる）と多様な分野にわたっているはずだ。特に心理学者にとって、入れ墨を入れるときの痛みの問題は無視できない要素である。求めるにせよ恐れるにせよ、痛みはつねに存在する。

## エッツィからゾンビまで

入れ墨をした状態で発見された最も古い人体は、一九九一年にイタリア・オーストリア国境のアルプス山脈の氷河で見つかったネアンデルタール人、エッツィ（訳注／別名アイスマン）である。その入れ墨は、変形性関節症を治療する目的で入れたものと見られている。事実、X線調査によると、エッツィの骨は入れ墨のあるどの部位でも変形を起こしていたことが明らかになった。

古代ギリシャ・ローマ時代[4]、入れ墨にはまず肯定的な意味、続いて否定的な意味という、明らかに異なる意味合いがあった。その急激な変化がいつ起こったのか、いまだに正確な時期は特定できない。紀元前の数世紀、ヘロドトスの生きた時代には、入れ墨はギリシャの貴族階級を示す証だったが、のちの古代ローマ時代には奴隷、軍団兵（多くは囚人）、その他の盗人などを識別する不名誉な印となり、ユダヤ・キリスト教時代を通して長期間用いられていた。その後、時代が下ると、アウシュヴィッツの強制収容所で収容者たちを登録するための悪名高い印など、入れ墨の恐ろしい用途が新たに生まれた。収容された男性も女性もまるで焼き印を押される家畜のように扱われ、入れ墨によって人間性を奪われた。

ヨーロッパ大陸では、入れ墨は多神教の時代の神秘主義を暗示するものだった。北方に住む人々、特にケルト人は体中に入れ墨をしていたため、のちに三大一神教から罪に問われることになる。今日でもコプト教徒（訳注／エジプトのキリスト教徒）の入れ墨はたいへん目立つものであり、重要な意味をもっている。

古代ギリシャ・ローマ時代には、主にローマ、エジプト、ギリシャで同業組合の入れ墨も生まれた。この習慣はさまざまな同業組合に取り入れられ、職人養成会、フリーメイソン、さらにはテンプル騎士団も、集団への所属の象徴として入れ墨を入れていた。

一七八七年、ローマ教皇のハドリアヌス一世の時代に、入れ墨は教会によって正式に禁止された。バチカンが提示した聖書の引用、「死者を悼んで身を傷つけたり、入れ墨をしてはならない」（『聖書　新共同訳』**レビ記**一九章二八節）は的確な表現だった。しかし、十字軍など最も熱心なカトリック教徒の間では、入れ墨の習慣は明らかに続いていた。実際、十字軍の参加者が遠征の途上で死んだときには、入れ墨が信仰の証明となり、宗教的埋葬を「願い出る」ときの根拠となった。

一八世紀、大航海に出た者たちは、自分の肉体に永遠に刻まれた思い出をたずさえて、世界をめぐる探検から帰ってきた。ちなみに一七七〇年代、ポリネシアの旅から**タトゥー**という言葉を持ち帰ったのは、ジェームズ・クックだった。語源はタヒチ語の**タタウ**で、本来の意味は「たたく」である（**タ**と**アトウアス**というふたつの単語の縮約形から生まれた言葉で、それぞれ「肌に刻まれた絵」と「精霊」を表す)。

　未開の人々にとっては入れ墨が同化の象徴であるとしても、西洋では否定的に受けとめられ、野蛮な人や無学な人の下品な習慣とみなされた。一七世紀にはほぼ公式に、最下層民、脱落者、逸脱者、退廃的な人間、つまりは無法者、受刑者、売春婦の印と見られるようになった。おそらく産業革命と農村部への脱出がきっかけとなって多数の手工業が生まれ、結果的に同業組合の入れ墨が誕生したと思われる。

　一九世紀の終わりには犯罪人類学の研究が発展を遂げ、フランスではアレクサンドル・ラカサーニュの『レ・タトゥアージュ——エチュード・アントロポロジーク・エ・メディコ・レガル(Les Tatouages: étude anthropologique et médico-légale)』(一八八一年)、イタリアではチェーザレ・ロンブローゾの『ロム・クリミネル(L'Homme criminel)』(一八七六年)など、解説の行きとどいた著作が発表された。分析の内容が現代ではやや滑稽に見えるものの、図像学的な文献としては貴重なものだ。

　受刑者には「ついてない」「くたばれポリ公」という入れ墨がつきものだが、先に述べたとおり、船乗りもまた数多くの入れ墨をしている。はるかかなたの土地を訪れた思い出や愛しい人を忘れないため、あるいは航海中の単なる暇つぶしとして……。また、王たちが入れ墨を入れたのも、海軍に身を置いていたときだ。とりわけ有名なのは英国王ジョージ五世とデンマーク王フレゼリク九世だろう。つまり、入れ墨は三流の悪党どもの専売特許ではないのだ! 噂によると、ヤルタ会談で一堂に会した連合国の首脳、チャーチル、ルーズベルト、スターリンは、三人とも入れ墨をしていたらしい……。

一九世紀のアメリカでは、入れ墨の絵柄のおかげで栄光に輝いた人もいた。その筆頭は、フィニアス・テイラー・バーナムの有名なサーカス団の人々だ。**サイドショー**でも**フリーク・ショー**でも、入れ墨人間は男女とも大好評で、ひげ女や世界一の力自慢の男性と並んで登場すると、観客は驚きで身動きできなくなった。なかでも、アイリーン・ウッドワードやキャプテン・コステンティーナスなどは謎に満ちた栄光に包まれていた（あれだけの入れ墨をいったいどこで施したのか？ 入れ墨女は入れ墨のある子どもを産むのか？）。その後、彼らの多くは人気を失っていく。結局は縁日の見せ物にされる動物のようなものであり、当時開かれていた世界の展覧会や植民地展覧会で、「自然のままの場所」に展示されていたアフリカ人と同程度の価値しかないとみなされるようになった。そうした出来事から一世紀近くが過ぎた今、思い出さずにいられないのは、モントリオールに生まれたパンクかぶれの放浪者、リック・ジェネスト、別名ゾンビボーイの運命だ。一〇代で脳腫瘍の手術を受けたことで「ゾンビ」というあだ名がつけられた……。その後、ゾンビに似せた入れ墨を全身に入れる。二〇一〇年、フランスのファッションデザイナー、ティエリー・ミュグレーのアートディレクターに見出されて、リックはショーの舞台に立った。それ以後、レディー・ガガのミュージックビデオやハリウッド映画に出演し、『GQ』や『ヴォーグ』、『ヴァニティ・フェア』といったファッション雑誌のカバーにも登場するようになる。だが二〇一八年の

## 入れ墨女は入れ墨のある子どもを産むのか？

夏に突然この世を去った。酒量が過ぎて、集合住宅のバルコニーから転落死したのだ。

現代社会では、入れ墨は数十年前から他の身体装飾より先に「復権」を果たしている。一九六〇年代から一九七〇年代には、より正当なものとして用いられるようになり、ふたたび集団への帰属の象徴となった。若者の集団、往々にしてパンク、スキンヘッズ、ロッカーといった社会の周辺者を通じて、入れ墨は当たり前の存在になっていった。たとえばパンクは、その服装としばしば攻撃的な身体改造（安全ピンを使ったワイルドなピアッシング、額に彫り込んだナチスの鉤十字など）のせいで逸脱者に見られるとしても、彼らなりのやり方で入れ墨の民主化にひと役買っている。事実、さまざまなファッションを使ったスタイルに手を加えて数多くの同年代の若者の心を動かし、また自分たち自身もパンク的価値に必ずしも固執することなく、今度はプロの手を借りて再度の差別化に成功している。似たような服装をつくるのは簡単だ。こうして、ヴィヴィアン・ウエストウッドとマルコム・マクラーレンの手によって、セックス・ピストルズや一般的なパンク向けのワードローブは、ロンドンの地下クラブから最高級のブティックへとシフトしたのだ。

## 意味の違い

いわゆる原始社会では、身体改造には魔法のようなオーラ（不運や死や悪魔から身を守る）、治療効果、または社会的価値がともなう場合もあった。頻繁に行われていた通過儀礼は、子どもが成人した象徴として、消えない印を身体に刻むという行為を生み出した。刻印は、ある年代のカテゴリーに加えられたことを証明するだけでなく、社会階級への所属を示すこともできた。その最も有名な例がマオリ族で、重要な人物になるほど入れ墨が多くなる。その結果、族長は往々にして顔も身体も入れ墨ですっかり覆われている。それぞれの入れ墨には明確な意味があるため、言葉を交わす相手がだれなのか、どんな態度を取るべきかわかるのだ。

先ほど見てきたとおり、一九九〇年代の初めから、西洋では入れ墨の民主化がますます進んでいる。入れ墨の施術にまつわる衛生環境の進歩によって、思い切って試してみる者もいる。また、入れ墨の専門誌や専門のウェブサイト、入れ墨の大会やテレビ番組なども入れ墨の普及に一役買っており、もはやひとつの流行と思えるほどだ。だがそれでも、崇拝する人の入れ墨を真似て入れると、その行為は、ダビッド・ル・ブルトンが「個人的通過儀礼」と呼ぶ儀式に変わりはないとみなす者もいる。なぜなら、意識しているかどうかにかかわらず、入れ墨は人生のあるステージから別のステージへの移行を時間と肉体に刻み込むからだ。したがって、この点において、入れ墨は、それが歴史的に表してきたこと、すなわち意味をもつ印であるという点を忠実に守っている。ただし、入れ墨は単に若者にありがちな行為や、ひとつのファッションだと受け流すことはできない。入れ墨をしている多くの人にとっては、絵画のように時代を超越する芸術だからだ。その証拠に、入れ墨の学校というものはなく、技術を学ぶ最も一般的な方法がいまだに徒弟制度だとしても、現代では多くの入れ墨師が美術学校の卒業生なのである。

## 明日には何もかも変わる？

入れ墨に関する問題は、この先何ページにもわたって論じることができるだろう。ギャングの入れ墨、入れ墨のある犯罪者の贖罪（顔にある巨大な入れ墨をどうやって消すのだろうか）、日本のヤクザの身体を飾る見事な絵柄、さらには権利（入れ墨は入れ墨師のものか、それとも入れた人のものか）についても語らねばならない。二〇〇六年、ベルギーの芸術家ヴィム・デルボアは、ティム・シュタイナーの背中に入れ墨を彫り、二〇〇八年にはスイスの画廊を介してこの作品を一五万ユーロ（訳注／当時のレートで換算すると約二三〇〇万円）で売却した。購入者はこの金額と引き換えに、シュタイナーを年に三〜四週間展示し、彼が死んだときには入れ墨だけ回収できる権利を手に入れたという……。いったいこれをどう考えればよいだろう？　入れ墨、入れ墨師、そして入れ墨を入れる人の研究には、さらに明るい未来が広がっている！

最後はより一般的な考察で締めくくろう。入れ墨とピアッシング（このふたつはしばしば同じ施術所で行われる）はありふれたものになったが、この数年は、スカリフィケーション、**ブランディング**（レーザー照射や焼き印による瘢痕で模様を描く）、皮下インプラント施術、さらにそれらに関連したボディサスペンション（訳注／身体に刺したフックを使ってつり下げる）など、極端なタイプの印が広がりを見せている。こうした一段と手ごわい身体改造にも、入れ墨と同じ未来があるのだろうか？　これらの印もすべて、人類の歴史においてはるか昔から存在していたものであり、拡張された人体に洋々たる前途をもたらすと見る人もいる……。明日には、何もかもが変わるのだろうか？

# Beautés animales

## 動物美

ジャン=バティスト・ド・パナフィユ

講演家、脚本家、小説家、
人間と動物の関係や、自然をテーマとするボードゲーム制作者

「クジャクは自分の醜い足を見て悲鳴を上げる」という、今日では忘れられてしまった古いことわざがある。プライドの高い人に対して、自分の欠点を指摘されて怒るさまをからかうときに引用されていたフレーズだ。あるいは、どんなにすばらしい人にも笑われるような特徴はあるので、思い上がりはすべて捨てるべきだと力説するときにも。このことわざの根拠は、かつて広く信じられていた話である。それによると、クジャクは自分が並外れて美しいと思っており、尾羽を称賛してもらうのを楽しんでいた。ところが代償として、その虚栄心が足の不快な外見によって損なわれ、自己陶酔のなかで傷つき、その結果、とりわけ耳障りな声で鳴いていたのだという。モンテーニュもこう書いている。「クジャクの誇りを台なしにするのは、その足だ」。フランスの博物学者ビュフォンは、熱心に動物学的考察を行った後、「自然はクジャクの羽の上に空と大地からあらゆる色を集めて、華麗なる傑作をつくりだした」と結論づけたが、続けてこう述べている。「私には、クジャクの足に不格好なところが見当たらなかった」。この論争の動物学的側面や道徳的側面はさておき、クジャクは自分の尾羽の美しさと、夢にせようつつにせよ、身体の別の部位の醜さをどちらも理解していたようだ。

## ウマヅラコウモリへの愛に満ちたまなざし

だが実際には、クジャクが自分の姿を自覚しているのかどうかはだれにもわからない。ここで大切なのは、私たちがクジャクに同意している点だ。その羽の見事なこと！　より一般的にいえば、

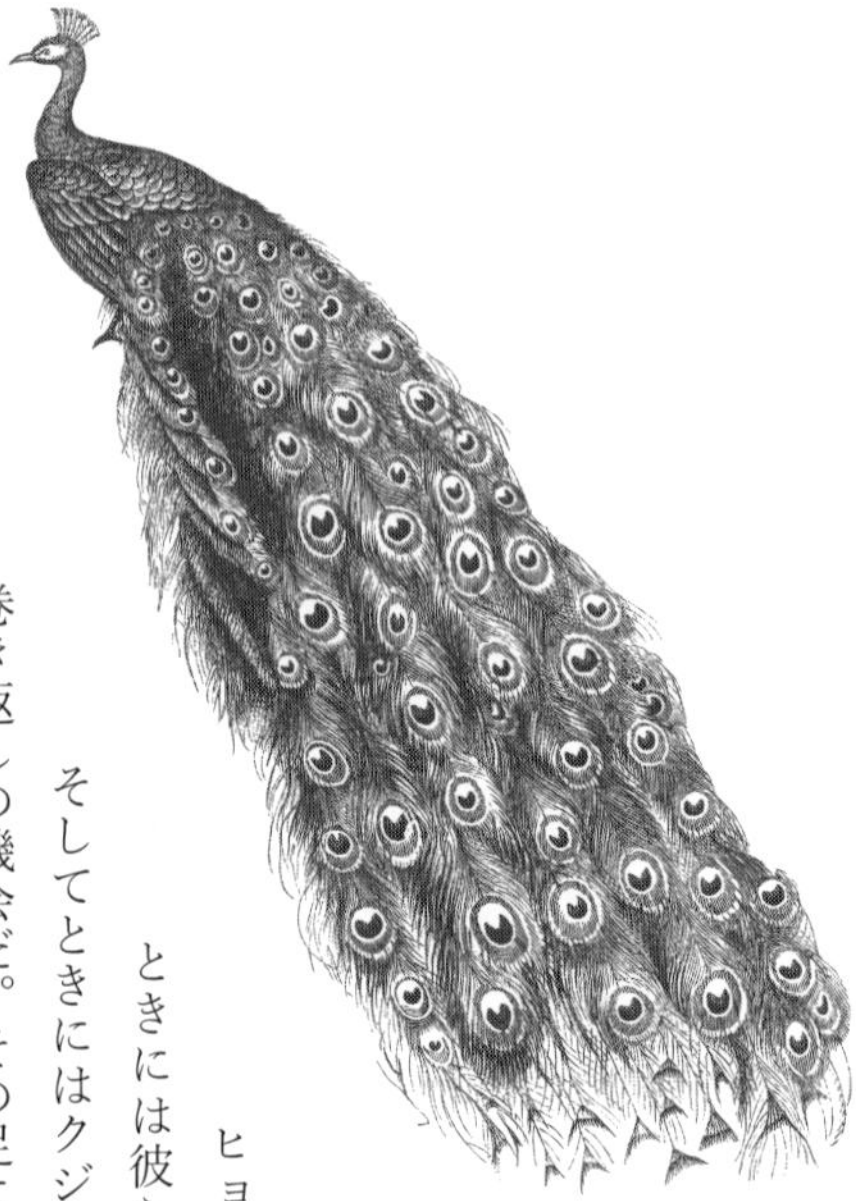

動物のなかには体型、色、あるいは身のこなしが美しく、まばゆく見えるほどの種もいる。インターネットでは、個人の愛好家や何千人ものネットユーザーの投票によって作成されたリストがすぐに見つかる。たいていの場合、首位の座を占めるのは肉食動物、なかでもライオン、トラ、ヒョウ、ジャガーといったネコ科に限られる。ときには彼らとともに、パンダやホッキョクグマ、そしてときにはクジャクも名を連ねる。クジャクにとっては巻き返しの機会だ。その足について嘆く人はだれもいないのだから。

事実、こうしたリストでは往々にして、「高貴」という言葉にともなう資質、美しさと力強さが混同されている。そのため、ジャングルの帝王であるライオンが、シカやワシ、サメなどといっしょに並べられるのだ。動物に関する教養をもう少し幅広く備えているネットユーザーは、他の動物グループに目を向ける。そのリストには、ヨーロッパアマガエル（毒をもつが体色は華やか）、蝶類（オオオナガヤママユ、ニシキオオツバメガなど）、そして特にコキンチョウ、ゴシキセイガイインコといった鳥類などが含まれている。

動物の種によっては、私たちは個体を美しさに応じて分類できるような気さえする。これを実行に移しているのが、イヌやウマ、ウサギなどの品評会だ。動物の美に対するこうしたアプローチは、まったく主観的なわけでもない。二〇〇九年に行われた研究によると、パプアニューギニアに生息する野生のヘビの写真三二枚を見せられたチェコ人の学生たちが、美しいと思う順に写真を並べたところ、その順番は現地の村人たちの並べ方と非常に近かったという。さらに、このような動物の評価は、種によって与えられる保護の差において、無視できないほど重要な意味をもつ。不快な種よりも「カリスマ性のある」種を選びがちなのだ！

## 私たちの基準が動物たち自身の基準と一致するはずがない

たしかに、たとえばハダカデバネズミや赤い口のガラパゴスバットフィッシュなど、他の動物のなかには逆に醜く、さらには忌まわしく見えるものもいる。しかも、想像のなかでさえ、私たちは醜さと危険性を混同する傾向があり、それがコウモリやクモの排除につながる。たとえ感情を制御できたとしても、あらゆる人間中心主義を捨て去るべきだろう。だが私たちには、コウモリの一種、ウマヅラコウモリのオスをメスの視点で（あるいは逆向きに）崇拝することができるだろうか？　美しいイボイノシシと、生まれつき容姿に恵まれないイボイノシシの区別ができるだろうか？　このような目標は達成不可能であり、まったくなんの意味もなさない。私たちの基準が動物たち自身の基準と一致するはずがないからだ。

## 動物のもつ美的感覚

動物の美的感覚は、どのように評価すればよいのだろうか？　芸術と美の混同には気をつけなければならないとしても、この質問を少し変えて、アニマル・アートの存在を問いかけることができる。二〇一九年一二月、コンゴという名のチンパンジーによって一九五〇年代末に描かれた絵がロンドンで展示された。これらの絵を収集した動物学者、デズモンド・モリスは、制作についての詳細を明かした。たとえば、チンパンジーに絵の道具を渡すと、描いている間にじゃまされるのを嫌がった。そして描き終えると、完成した絵のところに戻ってこようとはしなかった。描くことに飽きたのか、もう仕上がったとみなしていたのか、それはわからない。だが、作品の質について議論してもいない段階では、この話からチンパンジーの美的感覚について多くのことがわかるわけではない！

しかし自然界では、ある動物がつくった作品が同じ種の仲間によって判断の対象になることもある。オーストラリアに生息し、光の反射で青く見える黒い羽色の鳥、アオアズマヤドリがその一例だ。オスは地面の上に「あずまや」と呼ばれる構築物をつくる。あずまやというより、むしろ屋根付きの小道のようで、その壁と屋根は小枝を組み合わせたものだ。そこを果物、花、羽、小石、骨、貝など、あらゆる小物で飾るのだが、オスの好みははっきりしていて、どれも青色のものを選ぶ。瓶のふた、プラスチックのかけらなど、自分の活動範囲内で人間のつくったものを見つけたらそれも利用するが、そのほぼすべてが青なのだ。

この構築物が巣として使われることは決してない。目的はただひとつ、「誘惑」だ。実際に、メスはオスがあずまやをつくる様子を長い時間にわたって観察する。他のあずまやより明らかに魅力的なものもあり、それでつくり手は大半のメスの気を引くのだろう。実験してみると、構造物に手を加えることでメスの選択を方向づけることができるとわかった。鳥類の多くでこの種の行動が観察される。たとえば、アオガラの場合、オスは巣のまわりに付近で見つけてきた羽を飾る。ここでもメスは、羽がいちばん多く飾られた巣に魅力を感じる。

## 美しい＝魅力的?

多くの種ではオスは何もつくらないが、かわりに自分自身の身体を飾り立てる。セイランやヒオドシジュケイ、さまざまなゴクラクチョウの羽、熱帯魚やある種のトカゲのうろこなどは、動物たちを本物の芸術作品へと変えるのだ！　その装飾はあまりにも進歩しすぎていて、動物たちを矛盾をはらむ存在にしてしまうほどだ。およそ二世紀前、チャールズ・ダーウィンも問題を提起している。「クジャクの尾羽を見ると、私は夢中になってしまう」！　事実、鳥類の生存（野生の状態で）にとって明らかに不利なこうした装飾物を、自然淘汰によってどう説明できるのか、ダーウィンは悩んでいた。捕食動物に見つかる危険を高めるだけでなく、唯一の逃走手段である飛行の妨げにもなってしまうというのに。彼が定義した自然淘汰によると、動物の生存の可能性を下げる器官はいずれ排除されるはずなのだ。

そこでダーウィンが行った説明は、今なお広く認められている。クジャクの飾り羽は自身にとっては不利になるが繁殖の可能性を大幅に高めてくれる、というものだ。動物は、たとえ他の動物より長生きしても、子孫をもたなければその種の美点もすべて失われてしまう。動物界では長寿より繁殖のほうがはるかに重要だ！　クジャクのメスがオスの尾羽に魅力を感じるのなら、どれほど不便なものであったとしても、その特徴はあとの世代にも引き継がれるだろう（もちろん遺伝的な決定事項であればの話だが）。この論法を使って、生物学者はオスとメスを区別する奇妙な器官の起源を説明する。多くの鳥類や魚類に見られる目の覚めるような色、シカの枝角、イッカクの牙……。その基本機能は誘惑だ。最も美しい切り札で身を飾ったオスは自分の姿を誇示し、メスはオスを選ぶのだ。

選択権を行使するのは、より多くの時間とエネルギーを繁殖に注ぐ側の性、すなわちメスである。進化論すら受け入れがたいと考えていたダーウィンの同時代人たちは、この考え方にも衝撃を受けた。進化がオスの争いではなく、メスの美的な選択によって導かれるとは！　メスの好みはある程度、その種の器官がさらに華やかになるように進化を方向づける。実際、もしオスの負担が大きくなりすぎて、たとえば繁殖行為ができるほど生きられない場合、自然淘汰がふたたび介在して、過剰な装飾の持ち主は排除される。

## 「誠実さのしるし」

それでも、なぜメスはオスの装飾に魅力を感じるのかという疑問が残る。進化はなぜ、メスがこれほど大きな代償を必要とする器官を好むように仕向けたのだろうか？　生物学者にとっては、この過剰な装飾は「誠実さ」のしるし、つまりオスとしての資質に偽りがないことを表している。鮮やかな色は、（エネルギー面で）高価な色素の生産ができるほど栄養が足りていることだけでなく、一般的にはその犠牲者たちの色彩を損なってしまう寄生虫や病気も免れていることを示す。オスが生気にあふれて健康ならば、その子孫も同じ強さを受け継ぐだろう。

繁殖とはあまりにも多くの時間とエネルギーを消費するものなので、子孫が生息環境に合わせて生きられるよう、そして特に、子孫にも繁殖能力が備わるよう、最適な方法で行うことが必要不可欠である。したがってどの個体も、自分の資源を無駄にしないことを請け負ってくれる、高い資質をもつ繁殖相手を見つけようとする。種によっては、どのオスもメスも繁殖を行うわけではない。ときには、遺伝子を次世代に伝えられるのはごく限られた数の個体だけということさえある。ウマヅラコウモリの場合は、オスの六パーセントがメスの八〇パーセントによって共有されている。

だが、動物が自分たちの選択を自覚していると考える必要はない。そういう装飾的特徴をもたないオスを選んだメスは、たとえば産む子どもの数が少ないなど資質の劣る子孫をもつことになる。最も美しいオスに目を向けたメスは、より良い資質の子孫をより多くもつことになる。その子孫も同じ好みを示し、同じように数多く繁殖するだろう。システムは自動化されているのだ！　その実現には、メスの好みと同じように、オスの装飾が子孫へと受け継がれるだけで十分だ。

こうした性淘汰（訳注／繁殖相手の獲得にまつわる進化）の重要性は、実験を通じて確認されている。およそ一〇年間、チャイロコメノゴミムシダマシ（ミールワームという幼虫の呼び名が広く知られている）のふたつの集団をそれぞれ異なる条件下で繁殖させた。一方の集団では、繁殖相手を選ばせなかった。すると個体間の血縁関係が強すぎて、集団はみるみる衰退していった。逆に、オスとメスを自由に繁殖させると、血縁関係があるにもかかわらず、集団は数世代にわたって問題なくその個体数を維持した。繁殖は偶然ではなく、オスとメスの選択そのものにもとづいていたのだ。

## 誘惑の技巧

誘惑のサインは視覚による場合が多いが、必ずしも色がかかわっているわけではない。私たちの種と同じように、対称性の果たす役割もあるようだ。大半の動物においては、右半身と左半身はそれぞれ鏡に映る相手の像のように見える。しかし、それは幻想にすぎない。現実にはどんな個体も対称的ではなく、「間違いさがし」をしてみると……、何百もの違いが見つかる。首から上だけを見ても、目の色、鼻の形、毛や髪の生え方などが異なっている。完全な対称形からのそれぞれのずれの総体は「変動非対称性」と呼ばれる。この非対称性は、傷痕のように日常の出来事からつくりだされる場合もあるが、環境による阻害を受けて遺伝子が不完全な反応を示し、個体の胚の成長に影響を与えられて生じたものもある。したがって美しい対称性とは、成長時の偶発的な出来事も埋め合わせできるような優れた遺伝子をもっている証なのだ。

もうひとつの重要なポイントは鳴き声だ。春になると、野原はナイチンゲール、バッタ、アマガエルなどによる愛のメロディーであふれかえる。多くの種は、相手の外見よりもその鳴き声の美しさのほうにはるかに敏感である。ある種のサルやアホウドリの場合、オスとメスがデュエットで鳴き、つがいになろうとするカップルの声は少しずつ調和していく。そこから生まれるハーモニーも美しさのひとつの形態ではないだろうか？　また、光や電気による信号など、美しいという概念と自然には結びつかないシグナルを用いる動物もいる。また、イヌにとって友情を示す好みを超えた「かぐわしい匂い」というものはあるのだろうか？

## 美しさの有用性

美しさ、または少なくとも私たちが美しいとみなすものは、動物の誘惑行動において中心的役割を果たす。個体における生殖、種における進化にとって不可欠な要素だ。だが、古代ギリシャ・ローマ時代以来、哲学者は美しさと有用性の関係について議論してきた。ある者にとっては、美は役立つものであるべきだが、またある者にとっては真の美しさは無用以外の何ものでもない。動物的な美しさ、動物の美しさ、あるいは動物の目から見た美しさによって、私たちの視点は変えられつつある。私たちの感情と思考は、数百万年にわたる進化のなかで形成されてきた器官である脳から生まれる。そして私たち人間は、その歴史の最も長い時間を他のあらゆる動物たちと分かち合ってきたので、私たちの感覚には鳥や魚やサルと似ている部分があるという考え方にまったく驚きはない。生物学者のなかには、人間の美的感覚の一部が、動物と同じく誘惑の技術に関係していると唱える者もいる。

もちろん、私たちの脳と象徴的な思考が進化したことで、美に対する認識も変化した。ギヨーム・アポリネールが書いた詩のとおり、クジャクのメスとは違って、羽を用いたオスの誘惑にも打ち勝つことができるのだ。

この鳥が丸く広げた
豊かな尾羽は地に届き
いっそう輝く美しさ
けれどもお尻が丸見えだ[1]

# Beauté naturelle et beauté artistique

## 自然の美と人工の美

フレデリック・モネイロン

大学教授
ペルピニャン大学で文学一般および比較文学、
モダール・インターナショナルで服装社会学を担当

多種多様な芸術的創造が、長年にわたって私たちの美的規範の形成に大きく貢献してきたという点に疑う余地はない。美術や装飾芸術であれ、あるいは文学であれ、風景や身体の美しさに対する私たちの理解は、こうした芸術的創造を介して成り立っている。私たちが美しいと認識する対象は、都市や田園のあらゆる風景から、裸体あるいは服を着たあらゆる身体にいたるまで、多かれ少なかれ芸術に媒介されている。たとえば身体に注目してみると、時代や主流を占める芸術形態によって、いくつかの芸術化（私たちの現実認識の方法を芸術が変えていくプロセス）という段階に分けることができる。

## 絵画から写真へ

たとえば絵画は、見識のある人に対して、赤みを帯びた豊かな金髪の女性をティツィアーノの絵のようだと識別させるだけでなく、欲望を引き起こすこともできる。なぜなら、そのような絵のなかの人物像に似ている女性は目を引くからだ。より一般的にいえば、女性の美しさの規範をつくるうえで、絵画は唯一の役割ではないにしても、決定的な役割を果たした。だが、今なお絵画がその役割を果たせるとしても、技術の進歩から生まれた新しい芸術が取って代わり、あるいは少なくともその役割に加わっている。その新しい芸術とは、長い間二流とみなされてきたが、社会的機能に関しては一流の芸術、写真である。写真は、一九世紀半ばから現在までのたゆみない進歩によって個人の姿をより多くの人に示し[1]、時によっては大多数の人の目に触れさせることで、模倣して似せるためのモデルをつくりだしてきた。こうして、私たちは「だれそれに似ている」という言い方を頻繁に耳にするようになった。一般的には映画俳優が多いが、彼らは偉大な画家たちの作品の人物に取って代わり、新たな美的基準となった。ファッションの分野では、写真はまさに最高の地位にある。いまや、芸術の社会的機能を優先的に行使するのは写真である。デザイナー[2]の作品やモデルの身体、撮影用のセットを連動させて、写真は美しさの安定要素とより流動的な要素を決定し、それから身体の模範と身体の延長である衣服の模範を前面に押し出すのだ。

結果的に、写真がさまざまな分野で芸術化の理論における最も明確な例を示しているとしても、そこには限界も見える。自然の美しさに関するあらゆる疑問を跳ね返すどころか、逆に疑問を助長してしまっているからだ。優れた模倣芸術として、写真は自然の状態にあるものの複製を提示する。自然の模倣において勝ち目のない競争相手である写真が発明されてから、絵画は抽象に逃避したとみなされることが多い。その論証に含みをもたせられるとしても、写真が自然により近く、結果として再現の対象に選んだ自然の美しさにより近いという事実は変わらない。特定の対象に対して、絵画は自然の歪曲から始めるが、写真は、撮影時のアングルの選定や撮影後の技術的修正を除いて、はるかに厳しく正確に自然を再現することを求められる。したがって、ある身体やある顔の美しさを表現するように求められると、写真家が制作過程として最初に行うのは、自然界のなかに置かれたその身体や顔の美しさを探し、見つけだし、選び出すことだ。ファッション写真家のなかで、重要なのはまず撮影する価値があり、次に英語のあらゆる意味においてモデルとなる女性を見つけることだと断言しない者がどれだけいるだろう！

## 人体、究極の基準

写真という芸術は、たとえ私たちの美的感覚が部分的に芸術化されるとしても、自然という土台は決して完全には排除されないことを示している。

たしかに、芸術は美の模範を提示するが、それができるのは芸術自体が自然に倣った場合に限る。美しさとのなんらかの芸術的関係を超えて、あるいは超えないまま、何よりまず目指すのは自然の対象物である。時代を超えて、自然の美しさと人工の美しさを対等な立場に置いたレオナルド・ダ・ヴィンチ（「目は、本物の美しさと同じ快楽を、描かれた美しさから受け取る」）と、「どんなギリシャの女神も、純粋なイングランドの乙女と比べると半分も美しくなかった」と評したイギリスの批評家、ジョン・ラスキンを対峙させる論争がある。今こそラスキンの主張に現代性を与え、自然の美しさを見直すべきだ。

芸術が自然に対して模範を提供できるようになる

## 芸術は美の模範を提示するが、自然に倣った場合に限る

前に、まず自然を模倣しなければならないとしたら、それは芸術に限界があるからだ。まず第一に、あらゆる芸術的創造の原動力となる人間の想像力自体に限界がある。実際に訪れたことのない風景や、実生活で見たことのない身体や顔を描写するときに、小説家がつねに苦労していることを見れば、創造的な想像力に限りがあることはすぐにわかるだろう。次に、自然の美しさは、自然を表現したいと願うあらゆる芸術にとって最初で最後の基準となる。どんな芸術も、決して自然から切り離されることはないからだ。美しさとの関係において、人間の想像力がつねに模範とするのは自然の美しさ、つまり身体、とりわけ顔の美しさである。ここでもふたたび小説が、なかでもＳＦが最適な例を示してくれる。小説家は、地球外生命体を人間よりも知性が高く優れた生物だと想定した場合でも、決して人間より美しいとは想像しなかった。そしてそういう生き物に形を与えるときには、ほとんどいつも怪物的な外見を与えてきた。

人体を美しさの最初で最後の基準とするには反対の声もあるだろうが、にもかかわらず、人体は装飾の対象として、美の本質を見直そうとしているように思われる。ここで、最も広い意味でのファッション（衣服、化粧、髪型、その他のアクセサリー）がまさしくこの装飾機能をもっていることを思い出そう。ボードレールの言うとおり、ファッションとは「自然の最も卓越した歪曲、いやむしろ、絶え間なく続く自然の改革である」[3]。しかし、人体の自然な美しさを構成する基準を見直すどころか、ファッションが手がける装飾は自然に帰される。装飾は、自然の模倣において人間の

想像力に残された唯一自由な部分であり、人間の想像力の極限を表している。したがって、なんらかの芸術作品において駆使された想像力は、自然の美しさの模倣や増幅の試みが多少なりとも成功した証であると定義できるようになる。

芸術化に関する論争を超えて、美的感覚における自然の優位性に最後の要素を加えようとするならば、美的体験を従来の芸術分野にとどめておきたいと思っていたとしても、実は美的体験の幅はきわめて広く、芸術分野とは別の分野のなかにも見出されることを思い起こすべきである。近年の文化活動であるスポーツは、少なくとも実践面においては特に興味深い。スポーツの身のこなしは、巧みな文章と同じく美的感覚を呼び覚ますことができるからだ。だが、ここで対象となるのはスポーツに見られる自然な現象である。とりわけ、(フランスでは)スポーツはほとんど芸術化されていない。フィクションの文学ではほとんど取りあげられず、映画でもほぼ同様である。逆に、スポーツは頻繁に撮影され、テレビで放映されている。だがこの場合、写真やテレビはスポーツが生み出す以上の現実を切り取っているのであり、真の意味で芸術的な媒介となっているわけではない。

## 想像世界の人類学

美しさとはおのずと明らかになるものであり、前もって定められるものではない。詩や小説、音楽の一節は(言葉や音符を通じて)間接的にイメージをかきたて、絵画や写真や映画は(額縁の中、紙やフィルムの上に)より直接的にイメージを示すのと同じように、自然はさらに直接(私たちの網膜に）風景や身体や顔などのイメージを焼きつけるからだ。言い換えれば、美しさの認識は優先的に、さらにおそらくは独占的にイメージによってもたらされるのであり、そのイメージを起点として美しさを考察すべきである。

イメージがなんらかの美的感覚を生み出す形であることは、自明のことに思える。しかし、西洋哲学に根付いた不信感から、美的思索はイメージを根拠に置こうとはしてこなかった。そこで、ジルベール・デュランによる「想像世界の人類学」では、あらゆる重要性がイメージにあるとして新たに興味深い視点を示した。その視点は三つの主要な構造に分けられる。第一は、上昇、光、空気、火という象徴を中心として構成される英雄的構造。第二に、降下、親密さ、群れ、水、土という象徴を統合する神秘的構造。最後に、循環と進歩の体系によって表され、弁証法と物語という相反する要素を調和させる特徴をもつ総括的構造である。デュランが見出したこの三つの主要構造は、あらゆる想像世界の形成について、それがどのようなものであっても定義するために適用できる。また、抽象的定義や経験的定義のあらゆる試みが存在しない、あるいは単に機能しない美的感覚に対して、その認識に関するアプローチ、少なくとも方法論を提示する。とりわけ、芸術を脇に置いた場合、自然の美しさについて定義づけはしないが、アプローチを可能にしてくれる。

事実、風景や身体といった自然の美しさに立ち帰ると、私たちの目に焼き付けられる最初のイメージは、美しさの最高表現として現れる総括的構造である。この構造が体系化するのは、美的感覚をつねに最も強く引き出すイメージだ。筆者は、過去の複数の著書で、服装に関するエレガンスの感覚や、より広い意味で創造や人間の活動にまつわる他の分野におけるエレガンスの感覚は、つねに総括的構造によって定義づけられること、そしてエレガンスの感覚は、性別や空間や時間のレベルで意味をもつ対立要素の調和と弁証法をつねに暗示していることを指摘してきた。[4]
最後に挙げた例に対しては、またしても人間による創造物しか反映していない、自然のなかには完全なる円環は存在しない、あるいは、裸体は決して服を着た身体ほど美しくないなどと反論されることだろう。だがそれでも、自然の美しさを体験することが、美的感覚の理解における総括的構造の重要性を示す最良の証拠を提供してくれる。風景自体がその好例である。
私たちが美的感覚を最も強烈に体験するのは、例外なく、液体の要素と固体の要素が壮大なスケールで対立と調和を繰り返す起伏の激しい海岸線を目にしたときだ。そこでは、芸術的な媒介はさほど意味をなさない。教養や芸術教育のレベルがどうであれ、どんな人でもかならず最高の歓声を挙げるのが、この種の海岸の風景だ。インターネットに掲載されている世界で最も美しい海岸のランキングも、この特徴をよく表している。対立要素の調和が最も鮮やかに見られる起伏に満ちた海岸が、その九〇パーセント以上を占めているのだ。平原や、より広い意味で田園の風景は、たとえ丘が散りばめられていたとしても、対立や調和がまったく存在しない退屈なものであり、海岸の風景、さらには山の風景と比べてはるかに劣る。山の風景もまた、芸術と文学がその描写によって私たちの反応を促すようになる前から、空と大地という相反する要素の対立と調和を潜在的に示してきた。コート・ダジュール、カリフォルニア、ノルウェーなどの海岸、とりわけ複雑な海岸線が人気の観光地となっているのはそういうわけだ。ともあれ、この人気も美的な好みの表れなのだ。

## 女性の美しさの優位性

人間の身体と顔もまた、総括的構造それ自体、さらには性別の対立における美的感覚の効果と定義に関する一例だ。事実、身体の美しさを決定するうえで重要なのは、身体を構成するパーツの対立ではなく調和である。たとえば、脚の長さと腕の長さの正しい調和や、バストの幅と高さの正しいバランスであり、女性のバスト・ウエスト・ヒップの妥当なサイズは、今日では八五／六〇／八五という三つの魔法の数字になっている。また、新プラトン主義がすでに強調しているように、美しさの最も強烈な印象をいちばん多く生みだせるのも顔の特徴の規則性と調和であり、その個性の強い美しさ――たとえそれ自体が定義できるとしても――ではない。だがそれよりも、男女の身体を超えた相反する要素の対立と調和は、美しさ（この場合、自然の美しさにとどまらず、理想的で芸術的な美しさであるとしても）を最もよく定義している。相反する要素の最も明らかな調和は、男女の間に形成され、その化身はギリシャ時代の両性具有者《ヘルマフロディーテ》の彫像に見られるが、往々にして理想の身体における美しさの基準となっている。フランスの作家、テオフィル・ゴーティエは、一八三五年に『モーパン嬢』の有名な一節のなかでこう書いている。「このヘルメスとアフロディテの息子は、異教精神の生んだ最も甘美な創造物だ。これを凌ぐ魅惑の造形は想像しがたい。双方それぞれ完璧な二つの肉体が、渾然と調和して溶け合っている。優劣決めがたい二つの異なる美形が合体し、元の二人を凌駕する一個体となる。それは両者がほどよく中和して、相互に引き立て合うからだ」[5]（『モーパン嬢』井村実名子訳、岩波文庫）。

この一節は、両性具有形についての考察を通して、肉体の美しさをつねに総括的構造から定義しようとする傾向を理解する一助になるかもしれない。だが、それはしょせん理想の美しさにすぎず、感覚でとらえる現実ではまた状況が異なると、ゴーティエにはわかっていた。いずれにせよ現実の世界では、男性の身体と女性の身体（顔の場合はいっそう顕著だが）は、美しさのレベルにおいて対等とはほど遠い。美しさは女性のものであり、結局は女性の身体と顔に追い求めるべきなのだ。ゴーティエもまた、先の小説でこの不平等への非難に数ページを割いている。

先にサイズにおける調和について述べたとおり、また相反するとみなされる要素を組み合わせた美しさが、歴史とイデオロギーにおける特定の時期に好まれていたことからも、女性の美しさのこうした優位性は今なお「総括的」な特徴づけの対象となり得る。だが同時に他の問題も提起しており、その答えは想像世界の人類学を分析することによってもたらされる。なぜなら、私たちが出会う根本的な原型がそこにあり、その原型のもつ意味合いは計り知れないからだ。

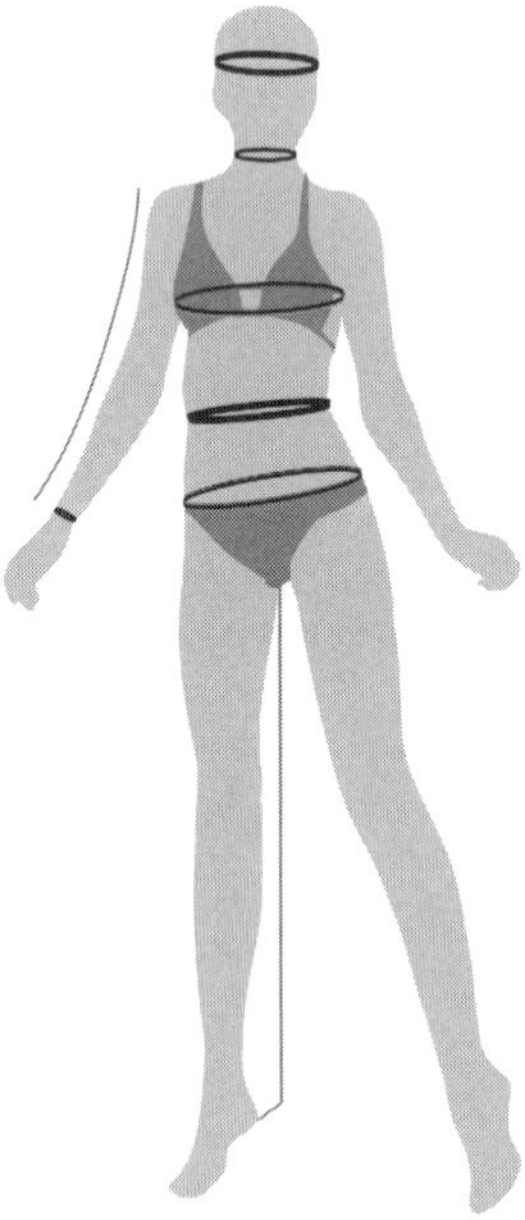

# L'art est la source de l'humanité

## 芸術は人類の源である

ジャン＝ピエール・シャンジューへのインタビュー

神経生物学者
コレージュ・ド・フランス名誉教授
フランス科学アカデミー会員

**◆芸術は人類の最高の到達点とみなされています。しかし逆に、ご自身の著書『La beauté dans le cerveau（頭のなかの美しさ）』の冒頭では、芸術は人類の頂点ではなく、基盤のように思えると書いておられます。なぜでしょうか？**

事実だからですよ！　今から四万年前、**ホモ・サピエンス**の時代に、フランス南部のショーベ洞窟で壁面に描かれた絵が発見されました。私からすれば、その美的レベルは後世のあらゆる絵画に劣りません。まさに**ホモ・サピエンス**の起源に、芸術の頂点に達しているのです。しかし、もう少し時代をさかのぼってみましょう。**ホモ・ハビリス**は道具を使っていましたが、それは小石をつくりかえたもので、特に美しくはありませんでした。おそらく肉を切る器具だったのでしょう。その後、**ホモ・エレクトス**の時代には対称形の両面石器が登場しましたが、道具としての有効性はさほど変わっていません。そこで私たちが目にしたのは、美しさの探求と、象徴的価値の表現です。最近になって、中東のある場所で大量の両面石器が発見されましたが、その多くが未使用のものです。芸術は象徴の社会的コミュニケーションと密接に関連しています。この石器は、すでに強い表現力で意味を伝えています。ひょっとすると、これはすでに人間自身の簡略図といえるのかもしれません。

## ◆道具に対称性が与えられたことには、どんな社会的意味がありますか？

自然物と区別するという意味があったと思います。チョウを見ればわかるように、動物の種の多くは対称形ですが、人間自身の手でつくられたものとして、この区別は、共有の道具とみなされるものとひと目で対比させるためだったのではないでしょうか。人間のつくるもの、いわゆる人工のものは芸術分野に属しており、そこには作品は単なる自然の再現ではないとする規則があります。

## ◆芸術作品であるための規則とは、どんなものだと思いますか？

まず、部分と全体との統一性、細部と総体との調和ですね。これはすでに対称形の両面石器にも表れており、時代が下るとショーベ洞窟やプッサンの絵画にも見られます。そこに描かれている絵は互いに呼応し合っていて、意義深い手法でつくられています。たとえば、ショーベ洞窟ではサイの線画が繰り返し描かれていますが、私には、それは映写機の先駆者エティエンヌ＝ジュール・マレーのように動きを示しているように見えます。別の規則として、芸術作品は斬新で独創性を備えていなければなりません。他の芸術家の作品や、自分自身が過去につくった作品と比べても、際立った違いを見せるべきです。さらに、簡略化という特徴もあります。つまり、わずかなことで多くのことを表現するという意味です。たとえば、マティスやピカソの絵では、たった一本の線で、人物や感情、母と子が交わす愛情などが理解できます。芸術家は、最小限の手段で最大限の感情を表現できるのです。最後に、芸術作品には意味があり、メッセージを発信しています。カンディンスキー、マーク・ロスコ、ピカソ、プッサンなど、芸術家は、倫理的であれ政治的であれ、あるいはその両方であれ、世界の姿をできるだけ多くの人たちに伝えようとしているのです（『ゲルニカ』がその一例です）。

芸術作品は、言語とともに発展してきました。しかし、その機能はかなり違います。言語には論理的思考、客観的知識という機能があり、芸術には社会生活への感情的参加があります。たとえば、狩猟の計画や気象現象の理解などにおいて、言語は明らかにより正確で厳密な機能をもっており、いわば科学へと導くものでした。一方、芸術のメッセージは社会的または倫理的規則をつくりだす方向へと発信されていました。舞踊や、あるいはまた芸術作品の誇示と同様に、歌唱もまた儀式でよく用いられるようになりました。この観点はあらゆる文明においてとても重要です。また、芸術は人間が集まる場所である建築物でも表現されています。そして、住宅や公共施設のなかにも、たいへん重要な通過儀礼の要素があると思います。

**◆神経心理学者のスタニスラス・ドゥアンヌと共同で、鳥の鳴き方の習得をモデル化なさいましたね。美的感覚は人間に特有のものだとお考えですか？**

ええ、もちろん！　鳥の鳴き方は種によって違います。鳴き方は習得できるもので、それがどう発展していくかにはばらつきがあり、いわば方言まで存在するのです……鳴き声には美しさがありますが、非常に型にはまったもので、創造性は極端に制限されています。ところが、芸術の規則で鍵となるのは新しさです。人間の創作活動における新しさは、鳥をはじめとする他の動物のつくるものとは比べものになりません。芸術がまったく自由に、豊かに発展しているのはまさに**ホモ・サピエンス**の存在あってのことなのです。

**◆それでも、サルやゾウなど、アーティストでもある動物のためにささやかな美術市場がありますね。こうした動物たちの筆さばきに、創造性の始まりを見ることはできないのでしょうか？**

重要なのは、実験者がサルの手に何をゆだねているかです。さまざまな色をつけた絵筆を持たせれば、明らかに抽象画のようななぐり描きができあがるでしょう……。しかし率直に言って、それは芸術作品ではありません。問題は身ぶりだけではありません。**ホモ・エレクトス**にとっては対称性がすでにひとつの構図となっていますが、サルに構図のセンスはないと思われます。絵筆を持たせたサルが対称性のある絵を描いたのは見たことがありません。いずれにせよ、人間の子どものほうがはるかに上手です！　明らかに、芸術は人間に特有のもの、さらにいえば人間の脳に特有のものです。

◆一生を通じて、創造性はどのように発展していくのですか？　子どもの創造性は大人より優れているのですか？

子どもが絵を描くときは、自分の内面を伝え、表現しようとしています。一般的に、子どもの絵はたしかに多様ではありますが、オタマジャクシのような人物などを見るととても画一的ともいえます。子どもがまわりを見るときは、まず人の顔を見るからです。私に言わせると、こうしたことはどれも芸術的創造性には当てはまりません。そこには、対象と距離を保ち、計画に沿って考え抜かれ、構築された芸術作品を特徴づける理性と感情の連携が欠けています。大人も同じだと思いますが、ひょっとすると肯定的な意味で、創造性は四〇歳を過ぎても持続するのではないでしょうか。私自身、自分の創造性が最も高まったのは六〇代の頃だったと思います。有名な芸術家のなかでも、たとえば、ベートーベンの最後の弦楽四重奏曲、マティスの切り絵、セザンヌの名作を思い出してみてください。すべて晩年の作品です。経験に助けられて、世界に対する認識をより広げ、深めたうえで、いっそう独自のスタイルを見出したのです。晩年の創作においては、瑣末な細部にはさほどこだわらず、より根源的な面を表出させています。人は死ぬまで創造的なのだと思います。

◆**神経ダーウィニズム**（訳注／ダーウィンの進化論になぞらえて、脳の動作原理も多様性と自然淘汰の結果だとする考え方）**の法則を創造性に当てはめておられますね。つまり、作品が形になるまで、芸術家の頭のなかではさまざまなアイデアや感情がある種の競争をしているということです**

か？

まさに科学者もそういう研究を進めています！　数学者はよく、こう言って私たちを驚かせようとします。「世界を描写したり、惑星の進化を予測したりできる数学的対象（訳注／数学の哲学において論じられる抽象的対象）のこのとてつもない能力を見てください……」。しかし、彼らは解を探しつづけても見つからなかった時間については決して語ろうとしません！　表に出ないままに失敗に終わった試みは何百万もあります。そして私たち生物学者にとっては、こうした探究の失敗が重要なのです。ある仮説に対する答えを見つけるまで、どのくらい時間がかかるか考えてみてください。ときには何世紀も費やします。輝かしい業績や科学における正しい解に到達するには、無数の実験が欠かせません。創造性は、絶えず構想を練りつづける脳の総合的な機能と関連しているのです。

◆しかし、音楽や絵画、風景、あるいは顔の美しさを感じるときにも、脳の同じ機能が働くのですか？

もちろんです。私たち科学者が芸術に興味をもつのは、科学的な問題、つまり私たち人間にとって現実的な問題があるからです。風景と芸術作品を区別するものは何かを理解するとき、意味のあるその形を見て、私たちは個人的に感動を覚えます。美しさと醜さを区別する絶対的基準がないとしても、ある芸術作品を見たときと、同じ作品が細切れにされて無秩序に並んでいるのを見たときでは、脳のなかに別の活動が記録されることが実験によって示されています。子どもに対する近年の研究では、たとえば母親などの調和の取れた顔と、わざとゆがめて変形させた顔を並べて見せました。ここでもまた、異なる信号が記録されました。したがって、芸術作品を前にしたときの脳の反応に特有の電気生理学的特徴が特定できるでしょう。私は著書のなかで、芸術作品をじっと見るという行為は意識への独自のアクセスをともなうと書きました。なんらかの視覚的刺激は、たとえどんなにありふれたものでも、スタニスラス・ドゥアンヌと私が「点火《イグニッション》」と名付けた反応、つまり一種の生理的な高揚を引き起こします。芸術作品の場合、反応は増幅してカタルシスとなり、ときには暴力的な反応へと導かれます。したがって、この感覚は思いがけず、抑えがたいレベルで、感情に独特の含意《コノテーション》をもたらすようになります。無意識下の現象が意識野に届くのです。著名な科学者である同僚とルーブル美術館の展示室を歩いていたときのこと、『サモトラケのニケ』が見わたせる場所に来たとき、同僚は突然涙を流しはじめました。いわゆるスタンダール症候群です。脳のなかにおける美しさに対する反応には、発見すべきことがまだまだあります。何が起きているのかをすべて理解するにはほど遠いですが、少なくともどこを探せばいいかはわかっています。今はその先鞭をつけているのです。

### ◆科学の分野でなんらかの研究や発見がなされたとき、美的な感動に等しい感動を体験できますか？

それは、長い話になりますね。科学的命題の美しさと呼ばれるものと、そうした命題の真実には関連があると推測されていますが、確かなことはわかっていません。私は、科学の研究、とりわけ生物学においては、ある程度美的な要素があると思っています。あるいは、数学で難しい問題の解を見つけだしたときも同じでしょう。いわゆる「見つけた！《ユーレカ》」という瞬間です。数学者は往々にして、ある解が「美しい」と言いますが、なぜ美しいのかを説明できないのです。報酬系という脳の神経回路が興奮して起こる感情的な反応だと言えるでしょう。ある方程式や研究結果が美しければ、正しいにちがいないと考える人もいます。私はそうとは限らないと思います。結果が美しいけれど正しくなかった場合、どうなるのでしょう？　科学的論文には掲載しないで、美術館にでも飾るのでしょうか？

## ◆芸術作品による喜びが報酬系からもたらされるのなら、美しさにのめり込むこともあり得るのですか？

あなたの目の前にその例がいますよ！　私は美術収集家でもあるのですが、コレクションには欲望を満たす作用があります。それは作品を所有することというより、作品を身近に置いて喜びを感じることからくるものです。美術品のない環境では、私は生きられません。仕事から帰って、たとえばルーベンスの『法悦のマグダラのマリア』を眺めると、世界が変わります。私の研究活動を強力に補完してくれるものなのです。早くも一〇歳か一一歳のころから、すでに私は昆虫、とりわけハエなどの双翅目を集めていました。

**◆ハエを見て、スタンダール症候群を発症することはなかったのですか？**

いいえ。でもある種のハエに関しては、珍しさや貴重さ、独自性という美的基準を満たす新しい形を発見するのが好きでしたね。一三歳の頃、家族でフィレンツェとベネチアを訪れましたが、そこで本来の意味での芸術作品を発見したのです。実にすばらしい体験でした。私の家族には特に芸術を鑑賞するという習慣はなかったので、ウフィツィ美術館に到着したときは、逆に一種のスタンダール症候群に見舞われました。もちろんちょっとした症状でしたが。今では、特に一七世紀の作品を集めることが生活の一部となっています。ごく小さいながら、欠かせない大切な一部です。

**◆脳内の美しさに関する研究の予算を獲得するのは容易なことですか？　この資金不足の時代にあって、役立つ研究だと簡単に納得してもらえますか？**

最近、オランダで開催された芸術、神経科学、経済学、その他の人文科学に関するシンポジウムに招かれました。オランダではどうやら、人文科学に関する研究費を獲得するには、神経科学や数学など既存の科学分野で活動している研究所と共同研究を行うことが義務づけられているようです。

## ◆真面目な方々なんですね！

そうは言っていませんよ……。どの分野にも独自の手法がありますが、人文科学と神経科学の手法を組み合わせれば、より効率的に研究が進められて、既存の研究方法とは違うアプローチができると思います。私の見方では、人文科学は神経科学と接することでその価値を高められますし、神経科学者も人文科学と接することで自分自身を高めることができます。人文科学は新たな研究方法を教えてくれ、孤立して脳の研究をしていてもすぐに気づくとはかぎらないような制約も明確に示してくれるのです。たとえば、人間の脳は理性的で意識的ですし、言語能力に恵まれていますが、社会学の寄与によって明らかになったように、社会的で感情豊かでもあります。私の著書では、とても大切にしている一章をフランスの社会学者ピエール・ブルデューに捧げ、正確に言うとハビトゥス（訳注／過去の経験の蓄積から形成される習慣的・持続的性向）の神経基盤について述べています。私たちはこのテーマについて語り合いました。ブルデューは自身の著作で繰り返し**ニューロン人間**を取り上げていたことから、非常に興味を示していました。残念ながら、晩年を迎えていた彼とこの共同研究を続けることはかないませんでした。私にとっては痛恨の極みです。

聞き手　ジャン＝フランソワ・マルミオン

# Portrait du cerveau en esthète

## 審美家としての脳の肖像

ピエール・ルマルキ
神経学者、作家

神経美学とは、美しさのなかでも、特にこれまで哲学者に限定されていた最も主観性の低い分野、芸術の美しさの認識と理解についての神経生物学的相関を研究する科学的アプローチである。簡単な技術を使って、美的な感動が引き起こす神経生理学的反応（皮膚抵抗、脈拍、血圧など）を記録したり、芸術作品を見つめている眼球の動きを測定したり（**視線追跡**）、機能的神経イメージングから得られたデータを解釈したりすることができる。

この分野の先駆者、セミール・ゼキは、視覚データ解析の専門家である。彼にとって脳とは、芸術家と同じように、対象を真に理解するうえで必要不可欠ではない情報を排除するものだ。マーガレット・リビングストンは、ゼキほど大胆な試みではないものの、輝度と三次元映像の神経生物学を適用して『モナリザ』のほほえみを説明しようと取り組んでいる。

脳の快楽系と報酬系が始動すると、厳密には美的感覚以上に快楽の感覚が数量化されるが、そこには食い違いも見られる。ある作品は、鑑賞者に好まれなくても美しいと判断される可能性があり、**その逆もまた同じである**。美しいという感覚は、私たちの脳のなかで最も進化した部位から発している。文化的知識だけでなく、バランスの取れた割合や左右対称感にもとづくものだ。一方、感情は自伝的記憶と「ディオニュソス的（訳注／激情的で陶酔しやすい特徴をもつさま）」な脳を通してもたらされる。また記憶は、芸術作品の鑑賞にも関わってくる。音楽では、作曲家から心地よい驚きを与えられるかもしれないとしても、次に出てくる音を予想するためには聴いたばかりの音を覚えておかなくてはならない。より一般的にいえば、記憶は親しみやすさという印象をもたらし、それが作品への興味につながる。

## 美的感情移入

快楽系や報酬系と組み合わせたミラーニューロン（ある行動を観察していて、自分自身がその行動をしているかのように反応する）の役割は、モーリス・メルロ＝ポンティや、一八七二年にこのプロセスを「美的感情移入」と名付けたドイツのロベルト・フィッシャーなどの哲学者が予想していたとおり、ある作品と共鳴し、その作品を心のなかで感じる可能性を説明するための道筋を提供することである。音楽を聴くと、私たち自身の身体は動かなくても、脳は歌ったり踊ったりしているような反応を示す。視覚芸術は、目にした動きを真似てその動きに意味を与えるミラーニューロンに取り込まれる前に、人間と向かい合っているような状態として認識されている。抽象芸術の場合は、作品を生み出した動きがエコーのように再生される。イタリアの美術家、ルーチョ・フォンタナの作品を前にすると、私たちはフォンタナがカンバスを切り裂くために突き立てるカッターの動きを体感することになる。文学作品でも同じ現象が見られる。目にした単語から呼び起こされる知覚性と接続されるのだ。たとえばそれが「ジャスミンの花」なら、嗅覚をつかさどる脳の部位が活性化する。数日が過ぎても、感覚運動回路のこうした強化は継続しており、まるでフィクションの登場人物が頭のなかに住んでいて、彼らと感覚や行動、感情を共有しているような気になる。

このように、芸術作品は開放された無防備な鑑賞者を手中に収め、鑑賞者と一体化する。まさに感情のシミュレーターとなって、未開の領域へと鑑賞者を導き、鑑賞者が自分自身を知り、世界をさらに理解できるよう手助けするのだ。ときには目を見張るような治療効果まで期待できる。これこそが、ジークムント・フロイトより先にアリストテレスが言及していた「カタルシス」である。

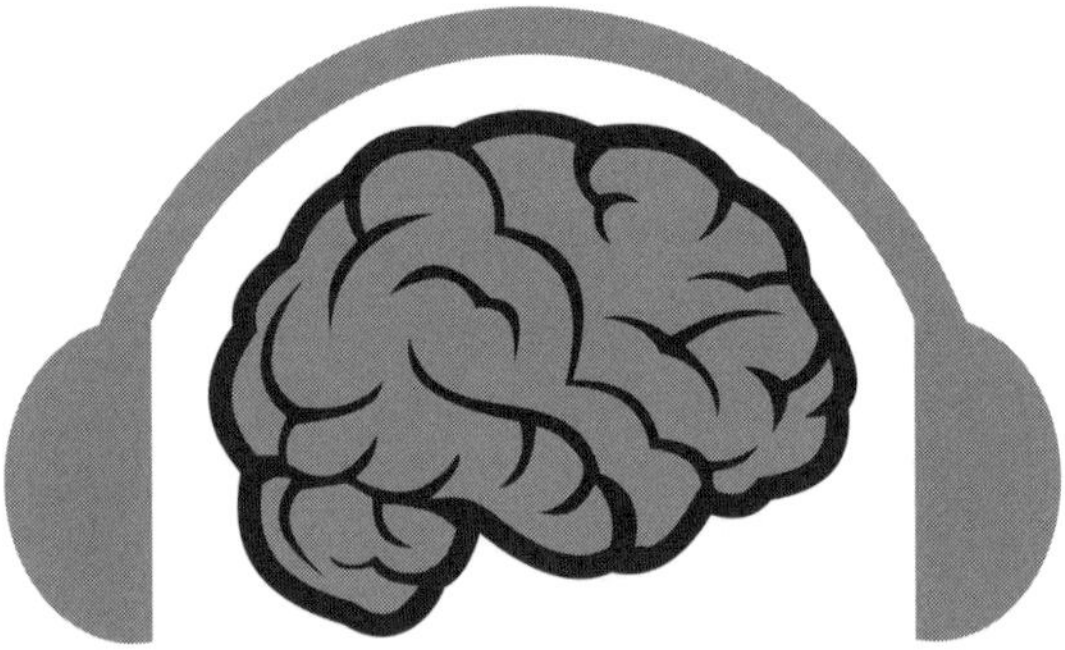

# Le syndrome de Stendhal : quand l'oeuvre est renversante

## スタンダール症候群
## ――作品が心を貫くとき

ロミナ・リナルディ
心理学博士、モンス大学講師
『シアンス・ユメーヌ』誌科学記者

Oh!!

「旅」という言葉だけで、リラックスやリフレッシュしている状態を思い浮かべるかもしれない。だが人によっては、旅行とは心のバランスを揺さぶり、精神病理学的症状をもたらしかねないものなのである。たとえば、別の都市や国、さらには大陸への移動が代償障害（訳注／心臓の機能上の欠陥を補いきれず生じる呼吸困難など）の原因になるのは珍しいことではない。一般的に、このような病気を引き起こす旅行の症例は目的地によってさまざまである。目的地は特定の象徴をもたらし、少なくとも部分的には、遂行された旅行の目的に応えるものである。

旅行者のこうした症候群のなかに、芸術作品に触れた旅行者がかかるという、とりわけ驚くべき症状がある。この症候群は、一九九〇年代、フィレンツェのサンタ・マリア・ヌオーバ病院の精神科医を務めていたグラツィエラ・マゲリーニ医師が、スタンダール[1]というペンネームでよく知られている作家、アンリ・ベールの描写した体験をもとに発表したものだ。

一八一七年にフィレンツェを訪れたスタンダールは、サンタ・クローチェ聖堂で作品を見たときに神秘的な体験をしたと書き記している。ボルテッラーノのフレスコ画『シビル』（訳注／巫女《みこ》）を飽くことなく眺めていると、はてしない喜びの感情がこみあげてきた……。そして最後には、感情と思考があまりにも高まって気を失ってしまったのだ。

## 美的体験から……

この反応には、認知面でも感情的にも意味がある。つまり、都市は生きた場であり、私たちはそこでさまざまな知覚情報（イメージ、匂いなど）を収集し、それらを統合して一貫性のある記憶の痕跡（思い出）をつくりあげるのだ……。そのすべてが、私たちがつくりあげた物語や表象に応じて、それぞれの場に特有の象徴によって彩られる。特にこの現象は、広義の美的体験に反応する脳の神経活動を対象とする学問である、神経美学の研究対象となっている。脳の神経活動は、ある意味で脳の視覚機能（一次的および連想的）の延長なので、脳のさまざまな領域間の複雑な

ネットワークと柔軟な相互作用に関係している。

ところで、脳の視覚機能はかなり強烈な認知的負荷をもたらしかねない。この強烈さは、ある理論によると、芸術作品の二者択一性を用いて説明することもできる。芸術作品は、一方では表象面（自画像などの一般的な象徴）と結合し、もう一方では具体的な物質面（その自画像を構成する絵画的モチーフなど）と結合している。誘発性（つまり「好き」か「嫌い」か）における「鑑賞者」の反応、そしてその強さを条件づけるというやり方で、ふたつの面の調和を妨げることができる。ピカソが自転車のサドルとハンドルでつくった雄牛の頭の作品は、こうした不調和の好例である……。この作品に対する誘発性についてはご想像にお任せしよう。認知心理学と社会心理学では、不快感と精神的緊張をもたらす不調和はよく知られており、心ならずもその作品に自分がはまっていってしまう状態についての理解を助けてくれる。

## ……心理的体験へ

とはいえ、フィレンツェのように街のいたるところで目に入る芸術作品が、それほどまでに強烈な（失神するほどの）身体的および感情的変化をもたらすかどうかについては、今なお論争の的となっている。だが一九世紀以降、感情や存在を揺さぶる芸術体験にまつわる話は増えつづけている。マルセル・プルーストは、『失われた時を求めて』の執筆が原因で、何度ぜんそくの発作に見舞われたことだろう。カントは、ある芸術作品を見たときに強烈な魅力と嫌悪感を同時に感じ、その結果、想像に圧倒されて「深海でわが身が滅びることを恐れる」ような状態に陥った体験を書いている。そしてドストエフスキーは、ハンス・ホルバインの描いた『墓の中の死せるキリスト』を見て、激しい興奮にとらわれるのを感じた。

## はてしない喜びの感情

一九八九年、この症候群の名付け親となるフィレンツェの精神科医も、美術館や画廊を訪れた後に救急治療を受けて入院したおよそ百件の症例を目の当たりにした。[2] 二〇〇九年には、イギリスとアイルランドの研究者たちが、不眠と被害妄想を訴えて診察に訪れた七二歳の芸術家の症例を『ブリティッシュ・ジャーナル・オブ・サイカイアトリー（British Journal of Psychiatry）』誌で紹介した。患者にこのような症状が現れたのはフィレンツェの旅行中で、ポンテ・ヴェッキオ（訳注／ヴェッキオ橋）の上でパニック症状に襲われた。取り乱した状態が数分続き、それ以降、自分が国際機関から尾行と監視を受けていると思うようになったのだ。

しかし、このような人々の体験では、いったい何が起きているのだろう？　医師で作家のイアン・バムフォースによると、スタンダール症候群は新しい疾患でも独立した疾患でもなく、すでにある精神的なもろさの表れにすぎないという。傾向としては、パーソナリティ障害（特に**境界性**）の患者、また心理的障害はないけれども、特にストレスの多い人生経験をもつ人、あるいは訪れた都市に対して理想主義的な考えを潜在的に抱いている人が発症しやすいという。こういう人たちの代償障害が、思考障害、知覚の変化、さらには被害妄想的感情といった、往々にして精神病的な様相を呈するようになる。また他のケースでは、不安と感情過敏が見られる。治療法？　なるべく早くイタリア（または「病因」となる都市）を出ることだ！

## 旅先で自分を見失う

少なくとも、科学論文はこうした体験を取るに足りないものとみなしているようで、ほとんど関心を示していない。しかし、現在最も明確な仮説は、**アート・アタック**（**芸術の攻撃**）ではなく、先に述べたとおり病因となる旅行に関するものだ。精神科医のシャルル・ベルメルシュ[3]が指摘するように、旅行にはストレス要因が凝縮されている。たとえば、旅行者のほとんどが睡眠と覚醒のリズムを乱され、通常の生活環境、つまり生活の基準から大きく外れてしまう。それでも、ストレス耐性モデルによると、私たちにはそれぞれ脆弱性の限界値があり、生物学的要因、心理学的要因、そして環境要因の変動に応じて、その限界値を超えることができるという説がある。

完全に主観的な見方から述べると、筆者は数年前にフィレンツェを訪れたとき、美しいところだが人が多すぎると思ったことを覚えている。まるで入場制限を忘れてしまった野外美術館。とりわけ、ポンテ・ヴェッキオを渡ろうとする人はみな、気をつけるべきだとわかっていた。たしかに、息が止まるほど美しい街だが、そこには刺激も無数にある。道ばたの芸術家たち、観光客のグループ、歩き回る物売りたち、行き交う人たちを歩道へと追いやる自動車。歩道はあまりにも幅が狭くて、歩くときは縦一列になるほどだ……。さらに、歴史が刻まれた街の特別な雰囲気、旅行者自身の期待、「上り坂」の心理学的状態まで考慮に入れれば、結局はスタンダールの体験は神秘的でもなんでもないと思えてくる。

だからといって、実際に観光地そのものやそこにあるものが感情に強く働きかけてくることを否定したいわけではない。初めて見る場所やものを楽しむと、感情はおのずと高まる。だが見知らぬ土地では、そんな感情が重苦しさや恐ろしさに変わることもある。スタンダールの小説家的気質というプリズムを通して解釈すれば、そういう感情が、少なくとも私たちを人間に固有の傷つきやすい状態に戻してしまうような人生体験に導くのだ。

# La valeur de beauté à l’épreuve de l’art contemporain

## 現代美術に試される美的価値

ナタリー・エニック
CNRS（パリ）社会学者

「とてもきれいですね。でも、いりません」。収蔵を薦められた作品を見て、現代美術品購入委員会のあるメンバーはきっぱりとこう言った。当然ながら、提案は全会一致で却下されるだろう。なんとも矛盾した状況だ。芸術は伝統的に（少なくとも西洋文化においては）美しさの価値をよりどころとするものだが、この価値の典型的な基準（「きれい」であること）が、この芸術分野においては、対象作品の価値を上げるのではなく、下げるために用いられている。こうしたコンテキストにおいては、「反価値」が基準となる。

だが、このコンテキスト自体が特殊である。つまり現代美術の世界の話であり、そこでは、コンテキストに応じて価値判断にばらつきがあるという事実を示しているのだ。この世界、いやむしろ現代美術の「パラダイム」（つまり、特定の分野で何が正常なのかを定義するものについての、必ずしも明確には認識されていない共通の概念）においては、美しさはこれまでほど支配的な価値ではなくなっている。実際、「古典的パラダイム」においては、芸術的なすばらしさとは、何よりもまず造形の規範を適用する際に駆使される高度な技に支えられており、その規範は表現された主題の美しさだけでなく、表現そのものの美しさも定義していた。一方「近代的パラダイム」においては、芸術的なすばらしさは、造形の古典的規範に背くというリスクを承知のうえで、芸術家の内面や視点を表現する能力に支えられていた。こうして、長年にわたって美しさに与えられてきた卓越性は犠牲にされ、真正性の価値が褒めたたえられた。作品（絵画の主題）ではなく、その制作（表現様式）に価値が与えられたのだ。

ところが、美術の近代的コンセプトよりさらに踏み込んで、現代的コンセプトにおいては、作品の質を判断する際、美しさの立場は（門外漢ではなく）専門家から見た価値という舞台の隅のほうへと追いやられている。先に述べたとおり、美しさはもはや「反価値」の部類に入れられかねない。言い換えれば、門外漢の評価や、専門家の目には不適切に見えるパラダイムと結びついているため、失格というレッテルが貼られてしまうのだ。

つまり現代美術は、どのような肯定的評価の原則も根拠に置かないという意味で「無価値」であり、さらに興味を引かないという意味においても「無価値」なのだろうか？　それは違う。あらゆる作品は、複数の価値に応じた評価を受けることになっているからだ。古典美術でさえ、美しさは作品の判断に適用される唯一の価値ではあり得ない。美学の専門家があまりにも頻繁に前提としているのとは逆に、美しさの価値は決して、芸術との関係から生まれる価値を独り占めしているわけではない。まして、世界との美的な関係を独占しているわけでもないのだ。

## 現代美術の価値

「たいへん興味深い！」。冒頭に挙げた現代美術品購入委員会のメンバーは、収蔵を勧められた作品が自分の好みなら、こう言い切るだろう。そして、自分の思いどおりに事を進めようとするならば、その作品を「意味づけて」、「意義」の多重性を披露し、私たちに「問いかけ」、美術の役割や消費社会についての「問題を提起する」といった作品の能力を引き合いに出して、多少なりとも洗練された解釈をつぎつぎと展開するだろう。要するに、この現代美術のなかに基本となる価値、つまり「有意性」という価値を見つけるのである。たしかに、古典的パラダイムにも、既存の文章を絵にする歴史画という「偉大なジャンル」において、有意性は存在していた。だが、肖像画、風景画、風俗画、静物画など、さほど価値を認められてはいなかったが、数多く制作されていた他のジャンルでは、有意性はほぼ皆無だった。逆に現代美術では、意味の価値、つまり有意性はどこにでもあるので、美しさは立場を失った。結果として、芸術家にはあらゆる自由が与えられ、不快なイメージや、吐き気のするような、あるいは陳腐なオブジェなど、常識的には「醜い」とみなされる作品を提示できるようになったのだ。

　つまり、美しさが価値ではなくなると、醜さは欠点ではなくなるということだ。さらにいえば、美しさが反価値になれば、醜さは美点となり得る。実際、醜さや嫌悪感、反感を経験すると否定的な感覚さえ引き起こされる。ところが、感覚や興奮、感情もまた価値であり、ある対象物や状況、人に対してプラスの価値を与えるように私たちを導くのだ。そこでは快楽の領域において、どんなに単純な快楽であってもなんらかの感覚を生み出す。哲学的な美学においては

影が薄いとみなされてはいるが、快楽もひとつの価値である。現代美術が頻繁に利用するようになったその価値は、もはや調和という狭い意味にとどまらず、興奮を求めて広がっていくようになり、必ずしも快楽に結びつくわけではない美しさの価値を犠牲にしている。

有意性、快楽に続く三つめの基本的価値は――ここでもまた、現代美術を古典的パラダイムからも近代的パラダイムからも遠ざけることになるが――遊びや実験という価値であり、特に芸術の限界や境界を体験することから生まれたものだ。こうして、綿密に暗号化された現代美術の世界に参加するためには、冷笑と皮肉が評価基準になった。したがって、またしても、このような特徴が反価値ではなく、まさに価値そのものを形成していると認めるのは、古典的パラダイムや近代的パラダイムの信奉者にとって大変な難題となる。

## 美しさが価値ではなくなると、醜さは欠点ではなくなる

最新の世代では、ついに現代美術の新しい流行が広まっている。積極的に参加し、自覚をもち、社会批判する「アール・アンガジェ（訳注／社会参加美術）」だ。二一世紀の特徴である、いくつかの美術作品の市場価格の目を見張る高騰や、これと相関関係にある、現代美術界と高級品業界の親和性とも奇妙な対比を示している。だが、このアンガジュマン（訳注／政治・社会参加）と高級品の対比は、後者の台頭を受けた前者の反応ではないのだろうか？　いずれにせよ、現代美術という新たな世界における作品コストと金融市場を通じて生まれた経済価値は、現代美術の総合的価値を証明する、あるいは明示するために用いる属性リストに付け加えられた。

## 価値領域から適格性のシステムへ

今ここで、もはや「価値」という言葉ではないものの、いわば価値の親戚、あるいは「価値領域」について考察すれば、現代美術が展開している空間を理解することができるだろう。この空間のなかでは、美的領域は重要度を失うか、少なくとも（醜さに関する法則によって）矛盾したものになっている。一方、最前列にずらりと並ぶのは解釈学的領域、知覚領域（作品を前にして感じる快感）、遊戯領域、ときには都市領域、そして一部の市場区分においては経済領域である。逆に、古典的パラダイムでは非常に重視される高度な技に関する技術領域は、この空間では軽んじられる（高度な技が、規範や期待や慣習によって定義される場合を除く）。もうひとつの領域、近代的パラダイムに付随して真正性の価値をつかさどる純粋領域[1]は、時代に大きく遅れ、信奉者を激しく落胆させている。

さらに考察すべき基本的価値が残っている。それは現代美術界においては受容の条件にほぼ等しい独創性、あるいは特異性とも呼ばれる価値である。なぜなら、その作品が肯定的に評価されるのは、その芸術的提案の前例のない革新性、さらには慣習を超えた特徴が強調されたときであり、一方、型にはまった「スタンダード」や「既視感」をもつ作品は最も排除されやすい。

現代美術の主な特徴は、期待される価値という点から見ると「特異性のシステム」のなかで進化するということだ。それはつまり、物や人、行為、世界の状況に関する適格性のシステムであり、独創的で新しく、常軌を逸したすべてのことに対して、肯定的な価値をあらかじめ認めている。逆に、古典的パラダイムは、原則として共通項、慣習、共有にまつわるすべてに特権を与える「共同体のシステム」のなかで進化していた。近代的パラダイムは、造形の規範に違反する可能性を設けたことで特異性をひとつの美点とすることができたが、その違反は表象の形態に限定され、現代美術のように「芸術」というカテゴリーの境界自体を越えることはなかった。

だが独創性は、独創的と認識されないために模倣される可能性があり、そのため独創的ではなくなる点と、自らを否定することでしか規範にはなり得ないという点に矛盾がある。こうして、今日の現代美術の実践者たちは、特異性の制度的な制約に従いながらも、特異性を保つ努力をしなければならない。

## 現代美術の無価値と反価値

現代美術がなければ、美的価値の相対化、さらには逆転という基本的特徴を理解できなかったのだが、現代美術に関するこうした「価値研究」（つまり相対的価値）論に終止符を打つためには、評価には不適切な「無価値」、そして「反価値」、つまりその名において芸術作品が失格となる危険性のある原則に言及しなければならない。

「無価値」なものとして、特に「作業」が挙げられる。それは長い間、作品と芸術家に資格を与えると見られていた価値であり、何よりも制作における手仕事的側面を評価する労働者階級に適用されていた。だからこそ、「作業」の欠如が、現代美術を否定する際の批判の定番なのである。だが、現代美術界のなかではそうした批判はほとんど意味がない。そこでは、作業はほとんど正当性をもたない価値である。したがって、美しさがそうなり得るのと同じように、作業は（「反価値」ではないのなら）「無価値」なのだ。

無価値と反価値の間で揺れ動いているもうひとつの価値は「持続性」だ。持続性は芸術および文化遺産的伝統においては基本的な価値である。実際、現代美術の作品の多くは本質的にはかないもの（パフォーマンス、インスタレーションなど）、あるいは変化するもので、さらには廃用や自己破壊にいたり、写真や映像にだけ痕跡を残して、時とともに物質としては消滅する運命にある。そしてここにもまた、現代美術の基本「文法」を形成している芸術の境界からの逸脱を示す、ひとつの形が見られる。

最後に挙げる「道徳性」が、現代美術界では「反価値」であることはいうまでもないだろう。道徳性は、いくつかの作品がもつ啓発的な役割を通じて、古典的パラダイムでは妥当性があるが、造形の特徴が主題よりも重視される近代的パラダイムではほとんど妥当性をもたない。そして現代美術では単なる引き立て役である。たしかに現代美術は、自らを特徴づける特異性の制約と、限界を試す体系的な実験に沿って、無作法、冒瀆、動物たちの苦しみなどを**通じて**たびたび道徳的価値に背いている。また、現代美術では、倫理領域と美的領域の間に、ときには暴力的な緊張が数え切れないほど見られる。古典的パラダイムでは美しさは道徳と密接に結びついていたが、現代的パラダイムではどちらも消えるか、あるいは決然と「反価値」に姿を変える。道徳に違反することで、作品の価値を低下させるのではなく、価値を与えるのだ。

## 価値論的アプローチ

現代美術では美しさには妥当性がなく、むしろ的確でないと言われるが、見る人によっては、制作された作品が「美しい」と思えないわけではない。これは単に「価値研究の原則」、つまり価値とは、少なくとも専門家の目から見ると、評価のされ方によってはただ美しさだけにあるのではないということだ。ここで重要になってくるのは作品そのものではなく、作品を規定する姿勢であり、結果として芸術家が、失格を避けて適格へと導くような作品を制作しながら、適格か失格かをどのように予想するかなのだ。そのため、現代美術に関する心的表象の分析――そこから生まれた作品の分析ではなく――を行う際には、作品の題名も、作者の名前も明かされることはない。

現代美術に不慣れで、古典的パラダイムや、特に近代的パラダイムに特有の価値によって作品を評価しようとする人から見ると、現代美術の価値論的状況における美しさの消滅が驚くべき矛盾をはらんでいるのは間違いない。そこから現代美術に対する激しい憎悪が生まれるのは当然のことだ。だが同時に、対象となる作品をどう見ているかにかかわらず、その敵対心の理由を理解するための正しい「価値研究」アプローチが重要になるのである。

# 執筆者一覧

## ジャン=フランソワ・マルミオン

心理学者。『ル・セルクル・プシ（Le Cercle Psy）』編集長。『「バカ」の研究』（亜紀書房、二〇二〇）、*Histoire universelle de la connerie* (Éditions Sciences Humaines, 2019) などの書籍の編著者でもある。

## ジャン=イブ・ボードワン

リヨン第二大学発達心理学教授。主な著書：*Ce qui est beau... est bien! Psycho-Sociobiologie de la Beauté* avec G. Tiberghien (PUG, 2004)。

## ギー・ティベルギアン

グルノーブル第二大学名誉教授。フランス大学研究院会員。主な著書：*Dictionnaire des sciences cognitives* (Armand Colin, 2002)。

## ペギー・シェクルーン

パリ・ナンテール大学教授。社会的認知分野における研究では、特に過体重に関連した固定観念の悪影響を対象としている。主な著書：*Les influences sociales* (avec A. Nugier, Dunod, 2011)。

**ジャン＝バティスト・レガル**

パリ・ナンテール大学准教授、アビリタシオン（訳注／学位授与権認証）取得。社会的認知分野を研究しており、特に情報の暗黙的処理や自動処理にもとづく判断と行動を対象としている。主な著書：*Préjugés, Stéréotypes et Discrimination* (avec S. Delouvée, 2e éd., Dunod, 2015)。

**ジャン＝クロード・コフマン**

社会学者。作家。ＣＮＲＳ（フランス国立科学研究センター）元研究部長。パリ・デカルト大学内ＣＥＲＬＩＳ（社会関係研究センター）研究員。主な著書：*Sex@mour* (Armand Colin, 2010)、*La guerre des fesses. Minceur, rondeurs et beauté* (Lattès, 2013., rééd. sous le titre *Aimer son corps. La tyrannie de la minceur*, Pocket, 2015)、*Burkini. Autopsie d'un fait divers* (Les Liens qui libèrent, 2017)。

**クリスチャン・ブロンベルジェ**

エクス＝マルセイユ大学人類学名誉教授。二〇〇六年二月から二〇〇八年九月まで、テヘランにあるフランス国立イラン研究所所長。主な著書：*Trichologiques. Une anthropologie des cheveux et des poils*, (Bayard, 2010, réédité sous le titre *Le Sens du poil*, Créaphis, 2015)。

**ベルトラン・ネバン**

芸術・メディア理論家。ＡＩＡＣ（映像芸術・現代芸術）研究所研究員。教師・講演家。

主な著書：*Sur la laideur* (Complicités, 2018)、*Selfie(s). Analyses d'une pratique plurielle* (Hermann, 2018)、

*Monstres 2.0. L'autre visage des réseaux sociaux* (avec P. Escande Gauquié, François Bourin, 2018)、*Comprendre la culture numérique* (avec P. Escande Gauquié, Dunod, 2019)。

**グザビエ・ポムロー**

精神科医。元ボルドー大学付属病院アキテーヌ青少年センター長。主な著書：*Nos ados.com en images* (Odile Jacob, 2011)、*Le Goût du risque à l'adolescence* (Albin Michel, 2016)、*En ce moment, mon ado m'inquiète!* (avec L. Delpierre, Albin Michel, 2016)。

**クロディーヌ・サガート**

ＤＮＭＡＤＥ（工芸デザイン国家免状取得課程）哲学教授。主な著書：*Histoire de la laideur féminine* (Editions Imago, 2015)、*Normes et transgressions* (avec E. Gros, Éditions Traverses, 2017)、« Beauté et laideur du sexe féminin » (*in* E. Carpigo *et al.*, *Corps meurtris, beaux et subversifs*, Presses Universitaires de Lorraine, 2018)。

**イザベル・クバル**

ＩＮＳＨＥＡ（国立特別支援教育高等研究所）教授。ＧＲＨＡＰＥＳ（障害・アクセシビリティ・教育・学校実践研究会）責任者。主な著作：*S'accomplir ou se dépasser. Essai sur le sport contemporain* (Gallimard, 2004)、*Le Corps aujourd'hui* (Folio essais, 2008)。

## フロランス・モト

ジャーナリスト。

## リュボミール・ラミ

パリ大学社会心理学教授。社会的認知分野を研究しており、特に愛情の芽生えに無意識に影響を与えるプロセス、向社会性行動の促進を主なテーマとしている。主な著書：*L'amour ne doit rien au hasard* (Eyrolles, 2008)、*Pourquoi les hommes ne comprennent rien aux femmes... et réciproquement* (Eyrolles, 2006)、*Les vrais signes de l'amour naissant* (Payot, 2012)。

## ジャン＝フランソワ・アマデュー

社会学博士、経営学アグレガシオン（訳注／高等教育教授資格）取得。パリ第一パンテオン・ソルボンヌ大学経営学院教授。差別観測センター創設者。企業および障害局職員。教育機会均等推進企業ネットワーク副所長。主な著書：*Le poids des apparences* (Odile Jacob, 2002)、*Les clefs du destin* (Odile Jacob, 2006)、*DRH, le livre noir* (Le Seuil, 2013)。

## ジミー・シャリュオ

法学博士（公法学）。アンジェ大学研究教授。主な著書：*La Beauté: aspects juridiques et politiques* (LGDJ-Presses universitaires juridiques de Poitiers, 2016)。

## ジョルジュ・ヴィガレロ

フランス大学研究院会員。ＥＨＥＳＳ（社会科学高等研究所）研究指導教授。エドガール・モラン研究所共同所長。主な著書：*L'Histoire du corps* (Seuil, 2005)、*Histoire de la beauté. Le corps et l'art de s'embellir de la Renaissance à nos jours* (Seuil, 2004)、*La Métamorphose du gras* (Seuil, 2010)、*La Robe. Une histoire culturelle* (Seuil, 2017)。

## フレデリック・ゴダール

社会学者。ＩＮＳＥＡＤ社会心理学正教授。主な著作：*Penser la mode* (Institut français de la mode, 2011)、*Sociologie de la mode* (La Découverte, 2e éd., 2016) など。

## ダニエル・モワズ

哲学教授（アグレガシオン〈訳注／高等教育教授資格〉取得）。ＩＲＩＳ（超領域社会問題研究所）研究員（ＩＲＩＳ：ＣＮＲＳ〔国立科学研究センター〕、ＩＮＳＥＲＭ〔国立保健医学研究所〕、ＥＨＥＳＳ〔社会科学高等研究院〕を統合）。主な著書：*Bien naître – bien être – bien mourir. Propos sur l'eugénisme et l'euthanasie* (Érès, 2001)、*Handicap: pour une révolution du regard, une phénoménologie du regard porté sur les corps hors norme* (PUG, 2010)。

## カリーヌ・マジダラニ

成人だけでなく児童の気分障害・不安障害を専門とする臨床心理学者。主な著書：*Cyclothymie. Troubles bipolaires des enfants et adolescents au quotidien* (avec E. Hantouche et B. Houyvet, Josette Lyon, 2012)、*Traiter la dysmorphophobie. L'obsession de l'apparence* (Dunod, 2017)。

## ダビッド・ル・ブルトン

ストラスブール大学社会学教授。フランス大学研究院会員。主な著書：*Anthropologie du corps et modernité* (PUF, 2013)、*Signes d'identité. Tatouage, piercing et autres marques corporelles* (Métailié, 2008)、*Le tatouage ou la signature de soi* (Casimiro, 2014)、*La sociologie du corps* (PUF, 2000, rééd. 2018)。

## アガット・ギヨ

シアンス・ユメーヌ社編集長。

## フロリアーヌ・エレーロ

ルーブル美術館大学博物館学部卒。写真史専門家。現代美術の大衆化に関する著書が何冊かある。主な著書：*Land Art* (avec A. Viaud, 2012)、*Photographie contemporaine* (2013)、*Art et musique* (2014)、*Body Art* (2016)（すべてPalette社より出版）。

## ジャン＝バティスト・ド・パナフィユ

講演家。脚本家。小説家。人間と動物の関係や、自然をテーマとするボードゲーム制作者。主な著書：*Métamorphoses* (Plume de Carotte, 2016)、*L'éveil* (Gulf Stream, 2016)、*Darwin à la plage* (Dunod, 2017)、

*Sapiens à la plage* (Dunod, 2018)、*Éduquer ses enfants comme un renard* (avec D. Galbaud du Fort, La Salamandre, 2019)。

## フレデリック・モネイロン

大学教授として、ペルピニャン・ヴィア・ドミティア大学で文学一般および比較文学を教え、またパリのモダール・インターナショナルでは服装社会学を担当している。約三〇冊の著書がある。主な著書：*La Frivolité essentielle. Du vêtement et de la mode* (PUF, 2001, rééd. 2008 puis 2014)、*La Mode et ses enjeux* (Klincksieck, 2005)、*La Sociologie de la mode* (PUF, 2006)。

## ジャン＝ピエール・シャンジュー

神経生物学者。コレージュ・ド・フランス名誉教授。フランス科学アカデミー会員。主な著書：*La Beauté dans le cerveau* (Odile Jacob, 2016)、*Les Neurones enchantés. Le cerveau et la musique* (avec P. Boulez et P. Manoury, Odile Jacob, 2014)、*Du vrai, du beau, du bien. Une approche neuronale* (Odile Jacob, 2010)、*Le Cerveau et l'Art* (De vive voix, 2010)。

## ピエール・ルマルキ

神経学者。作家。主な著書：*Sérénade pour un cerveau musicien* (Odile Jacob, 2009)、*Portrait du cerveau en artiste* (Odile Jacob, 2012)、*L'Empathie esthétique. Entre Mozart et Michel-Ange* (Odile Jacob, 2015)。

**ロミナ・リナルディ**

心理学博士。モンス大学講師。『シアンス・ユメーヌ』誌科学記者。

**ナタリー・エニック**

CNRS（パリ）社会学者。多数の論文に加えて、四〇冊近くの著書をもち、一五カ国語に翻訳されている。テーマは、危機におけるアイデンティティ、社会学史、価値観（*Des valeurs. Une approche sociologique*, Gallimard, 2017）、芸術家と作家の地位（*L'Art contemporain exposé aux rejets. Etudes de cas*, Livre de poche, 2009、*Le Paradigme de l'art contemporain. Structures d'une révolution artistique*, Gallimard, 2014）など。

本書の一部の章は『シアンス・ユメーヌ』誌および『ル・セルクル・プシ』誌から抜粋し、本書の刊行に際して改訂・修正したものです。

## 動物美

1. G. Appollinaire, « Le Paon », in *Œuvres poétiques complètes*, Gallimard, Bibliothèque de la Pleiade, 1956.

【参考文献】

B. de Panafieu et J.-F. Marmion. *Séduire comme une biche*, La Salamandre, 2017

J.-B. de Panafieu. *Les bêtes biscornues, saugrenues, toutes nues*, Gulf Stream, 2013

## 自然の美と人工の美

1. N. Heinich, *De la visibilité*, Gallimard, 2005
2. F. Monneyron, *La Photographie de mode. Un art souverain*, PUF, 2010
3. C. Baudelaire, *Le Peintre de la vie moderne*, Gallimard-Pléiade, p. 1184
4. F. Monneyron, *La Frivolité essentielle*, PUF 2001, puis 2008, 2014, et *L'Imaginaire du luxe* (avec P. Mathieu), Imago, 2015
5. Théophile Gautier, *Mademoiselle de Maupin*, Garnier, 1960, p. 201.『モーパン嬢（下）』、岩波書店（2006年）

## スタンダール症候群——作品が心を貫くとき

1. C. Vermersch, P. A. Geoffroy, T. Fovet, P. Thomas et A. Amad, « Voyage et troubles psychotiques: clinique et recommandations pratiques », *Presse Med.*, vol. 43, n° 12, pp. 1317–1324, 2014.
2. I. Bamforth, « Stendhal's Syndrome », *Br. J. Gen. Pract.*, vol. 60, n° 581, pp. 945-946, 2010.
3. C. Vermersch, P. A. Geoffroy, T. Fovet, P. Thomas et A. Amad, 前掲論文

## 現代美術に試される美的価値

1. N. Heinich, *Des valeurs. Une approche sociologique*, Gallimard, 2017

6. https://www.lemonde.fr/m-moyen-format/article/2017/10/06/en-coree-dusud-le-bistouri-est-a-la-fete_5197264_4497271.html

【参考文献】
H. Delmar, J.-F. Mattéi, *Philosophie de la chirurgie esthétique. Une chirurgie nommée désirs*, Odile Jacob, 2011
A. Gotman, *L'identité au scalpel. La chirurgie esthétique et l'individu moderne*, Liber, 2016

## ボディーアート──芸術作品としての人体

【参考文献】
N. Thomas, *Body Art*, Thames & Hudson, 2014
S. O'Reilly, *The Body in Contemporary Art*, Thames & Hudson, 2009
D. Le Breton, *Signes d'identité. Tatouages, piercings et autres marques corporelles*, Métailié, 2002
T. Warr, *The Artist's body*, Phaidon, 2012
R. Goldberg, *Performance now*, Thames & Hudson, 2018
J. Butler, *Trouble dans le genre. Le féminisme et la subversion de l'identité*, La Découverte, 2006
M. Abramovic, *Traverser les murs: Mémoires*, Fayard, 2017
C. Dreyfus, « Michel Journiac. Corps-viande ton contenu est social… », *Inter*, 87, 2004, pp. 61-63

## タトゥー──入れ墨の来歴

1. https://www.ifop.com/wp-content/uploads/2018/09/115767-Rapport-LC.pdf
2. タトゥーを入れたことについて後悔したら──入れ方、モチーフ、入れたタイミング（驚くことに、多くの場合はアルコールやドラッグの勢いで入れてしまう）──レーザーで除去できる。だがなかなかきれいに除去できるわけではない。事実、現在の除去術には比較的信頼がおけるとしても、往々にして入れ墨を入れるより除去のほうが費用がかかり、痛みも強い。また、小さいタトゥーはきれいに消せるが、大きいタトゥーはきれいには消えない。
3. 世界的に有名なフランス人入れ墨師であり、SNAT（全国入れ墨師組合）の創設者のひとり。現在は同組合の会長でもある。パリでのタトゥー世界大会を主催し、2014年から15年にはケ・ブランリー・シラク美術館で開催された展覧会「タトゥーを入れた入れ墨師」ではアーティスティック・ディレクターを務めた。1980年代の初めから入れ墨師の仕事をしている。
4. この歴史の裏付けを取るためにさまざまな文献を参照した。主要な文献を以下に挙げる：*Les Hommes illustrés* de J. Pierrat et É. Guillon (2000)、*Tatu-Tattoo!* sous la direction de F. Forment et M. Brilot (2004)、*Signes d'identité* de D. Le Breton (2002)

【参考文献】
D. Le Breton, *Signes d'identité: Tatouages, piercing et autres marques corporelles*, Métailié, 2002
D. Le Breton, *La Peau et la Trace: Sur les blessures de soi*, Métailié, 2003
J. Pierrat, É. Guillon, *Les Hommes illustrés: le tatouage des origines à nos jours*, Larivière, 2000
Collectif, *Tatu, tattoo!*, Cinq continents éditions, 2004
Hors-Série Hey! *Tattoo*, Ankama Éditions, 2014

7．1971年。
8．だれもが適切に認められるためにスティーヴン・ホーキングである必要はなく、また逆に、あらゆる誠実な視線に込められた敬意は、階級の区別なく、どんな人に関してもその人らしさを正しく認めるよう求めていることは言うまでもない。
9．D. Moyse, *Handicap: pour une révolution du regard*, P.U.G, 2010

## 醜形恐怖症、あるいは容姿の欠陥に対する強迫観念

【参考文献】
J. Tignol, *Les défauts physiques imaginaires*, Odile Jacob, 2006
F. Nef et E. Hayward, *Aimer son corps et s'accepter*, Odile Jacob, 2008
T. Ben Sahar, *L'apprentissage de l'imperfection*, Pocket, 2011

## 身体装飾の美しさにおける両義性

1．L. Rollin, *Moeurs et coutumes des anciens Maoris des îles Marquises*, Stepolde, 1974
2．P. Pons, *Peau de brocart. Le corps tatoué au Japon*, Seuil, 2000
3．C. Falgayrettes-Leveau, *Corps sublimes*, Musée Dapper, 1994
4．J.-C. Faris, *Nuba Personal Art*, University of Toronto, 1972
5．C. Lévi-Strauss, *Tristes tropiques*, Plon, 1955.『悲しき熱帯』、中央公論新社（2001年）
6．L. Rollin, 前掲書
7．P. Pons, 前掲書
8．R. Jaulin, *La mort Sara*, 10-18, 1971.

【参考文献】
F. Cheng, *Cinq méditations sur la beauté*, Albin Michel, 2006
V. Ebin, *Corps décorés*, Chêne, 1979
C. Falgayrettes-Leveau (dir.), *Signes du corps*, Musée Dapper, 2004

## 美容整形の光と影

1．ふたりの医師と形成外科の歴史については、以下のたいへん興味深い論文を参照されたい。
G. Jost, « Histoire de la chirurgie plastique », *Les cahiers de médiologie*, Gallimard, 2003/1 n°15
2．対応の対象となる手術については、SNCPRE（全国再建美容整形外科医師会）の公式ウェブサイトを参照されたい。
https://www.sncpre.org/espace-public/chirurgie-plastique-reconstructrice-ou-esthetique/
3．https://www.sncpre.org/espace-public/fiche-de-consentement-eclaire-a-destination-des-patients/
4．https://www.ifop.com/wp-content/uploads/2018/07/115665-Rapport.pdf
5．マルティナ・ビッグの動機について、詳しくは以下を参照されたい。
https://www.facebook.com/pg/Model.Martina.BIG/about/?ref=page_internal

## 美しさと醜さ——差別禁止法にもとづくアプローチ

1．差別禁止の分野に関するEU法のさまざまな適用条項を記載した2008年5月27日法第2008-496号第2条、公務員の権利と義務を記載した1983年7月13日法第83-634号第6条、および刑法第225条3も参照されたい。


【参考文献】

Défenseur des droits, Décision cadre n° 2019-205 relative aux discriminations dans l'emploi fondées sur l'apparence physique, 2 octobre 2019

J. Mattiussi, *L'apparence de la personne physique*, LEH, 2018, vol. 27

É. Pélisson (dir.), *L'apparence physique, motif de discrimination. Entre norme, codes sociaux, esthétisation et rejet de la différence visible*, Science po Lille, 2012


## 狂乱の時代——変容する身体

1．M. Proust, *À la recherche du temps perdu*, t. II: *À l'ombre des jeunes filles en fleur*, 1918, rééd. Gallimard, coll. « Folio », 1988.『失われた時を求めて　花咲く乙女たちのかげに』、岩波書店（2011年～2012年）
2．Colette, *Le Voyage égoïste*, 1922, rééd. LGF, 1989
3．D. Desanti, *La Femme au temps des années folles*, Stock, 1984
4．V. Margueritte, *La Garçonne*, 1922, rééd. Flammarion, coll « J'ai lu », 1972.『ガルソンヌ』、創元社（1950年）
5．D. Desanti, 前掲書
6．M.L.L. Bibesco, *Le Rire de la naïade*, Grasset, 1935
7．A.M. Sohn, « Entre-deux-guerres, les rôles féminins en France et en Angleterre », *in* G. Duby et M. Perrot, *Histoire des femmes en Occident*, Plon, 1992
8．P. Géraldy, *La Guerre, Madame...*, éd. Jean Crès, 1936
9．H. de Montherlant, *Coups de soleil* (écrit entre 1925 et 1930), 1950, rééd. Gallimard, 1976
10. D. Desanti, 前掲書
11. M. Marelli, *Les Soins scientifiques de beauté*, éd. J. Oliven, 1936
12. P. Richer, *Morphologie, la femme*, T. III: *Nouvelle anatomie artistique du corps humain*, Plon, 1920

## 特異な身体に美しさを感じとる

1．M. Nuss, *Un autre regard*, Suisse, Cahiers médico-sociaux, 4e trimestre 2001
2．M. Merleau-Ponty, *Phénoménologie de la perception*, Gallimard, 1976, p. 216.『知覚の現象学』、みすず書房（1967年、1974年）
3．B. Pascal, *Pensées*, éd. Garnier, 1965, Fragment 82, conforme à l'ed. Brunschvicg, 1904-1914, p. 95.『パンセ』、中央公論新社（2018年改版）
4．傍点は著者。
5．M. Merleau-Ponty, 前掲書, p. 82
6．同上p. 81

年）
8. N. Fournier, « La vieille fille », in *Journal des Demoiselles*, Imprimerie V. Dondet-Dupré, 1848, p. 229.
9. Spinoza, *Traité politique*, trad. C. Appuhn, Garnier, 1929, chapitre 11, §4., p. 74
10. É. Durkheim, (1893), *De la division du travail social*, PUF, 1998, p. 21.『社会分業論』、講談社（1989年）
11. E. Kant, *Observation sur le Sentiment du beau et du sublime*, Vrin, 1997, p. 39.『美と崇高との感情性に関する観察』、岩波書店（1948年）
12. P.-J. Proudhon, *De la justice dans la révolution et dans l'église, nouveaux principes de philosophie pratiques*, Garnier, 1858, p. 454
13. P.-J. Proudhon, *La Révolution sociale*, Garnier, 1852, p. 169
14. M. Houellebecq, *Les Particules élémentaires*, J'ai lu, 2006, p. 153.『素粒子』、筑摩書房（2001年）
15. J.-P. Sartre, *L'Être et le néant, Essai d'ontologie phénoménologique*, Gallimard, 1976, p. 307.『存在と無』、人文書院（1999年）
16. D. Hume, *Traité de la nature humaine*, Livre II, partie 1, section 5, trad. Philippe Folliot, 2006.『人間本性論　情念について』、法政大学出版局（2019年）
17. V. Despentes, *King Kong Théorie*, Grasset, 2006, p. 9
18. M. Tournier, *Le Médianoche amoureux*, Folio, 1991 , p. 14
19. É.-E. Schmitt, *Variations Enigmatiques*, Albin Michel, 1996, p. 161

## 美しいもの以外を愛せるか？

1. J. Sadr et L. Krowicki, « Face perception loves a challenge: Less information sparks more attraction », *Vision Research*, 157, 61-83, 2019
2. D. Singh et D. Singh, « Shape and significance of feminine beauty: An evolutionary perspective », *Sex Roles*, 64, 723-731, 2011
3. P. W. Eastwick et E.J. Finkel, « Sex differences in mate preferences revisited: Do people know what they initially desire in a romantic partner? », *Journal of Personality and Social Psychology*, 94, 245-264, 2008
4. Van Straaten, R. Engels, C. Finkenauer et R. Holland, « Meeting your match: How attractiveness similarity affects approach behavior in mixed-sex dyads », *Personality and Social Psychology Bulletin*, 35, 685-697, 2009
5. D.P.H. Barelds et P. Dijkstra, « Positive illusions about a partner's physical attractiveness and relationship quality », 6(2), 263-283, 2009

## 美と醜さと職業生活

**【参考文献】**

T. de Saint Pol, *Le corps désirable,* PUF, 2010
J.-F. Amadieu, *La société du paraître. Les jeunes, les beaux et les autres*, Odile Jacob, 2016
J.-P. Poulain, *Sociologie de l'Obésité*, PUF, 2009

## ソーシャル・ネットワーク上の自己演出――美醜を超えて

1. S. Tisseron, « Intimité et extimité », *Communications*, 2011/1 n° 88, pp. 83-91
2. Cf. M. Gagnebin, *Fascination de la laideur. L'en-deçà psychanalytique du laid*, Seyssel, 1994, Champ Vallon, p. 145
3. P. Bourdieu, (dir.), *Un art moyen*, les Éditions de Minuit, 1965, p. 54.『写真論　その社会的効用』、法政大学出版局（1990年）
4. 同上 p. 60
5. S. Franklin, *The Documentary Impulse*, Phaidon, 2016
6. 同上 p. 6
7. 画像や動画を含むメッセージ。
8. P. Escande-Gauquié et B. Naivin, *Monstres 2.0. L'autre visage des réseaux sociaux*, François Bourin, 2018
9. « Bons baisers d'Instagram: des vacances approuvées par le réseau social », article paru sur le site www.lemonde.fr le 3 août 2018
10. B. Stiegler, *Dans la disruption. Comment ne pas devenir fou?*, Les liens qui libèrent, 2017
11. F. Hartog, *Régimes d'historicité. Présentisme et expérience du temps*, Seuil, 2003.『「歴史」の体制　現在主義と時間経験』、藤原書店（2008年）
12. 子どもはユーチューブ上の市場として存在感を高めており、自分の子供を動画ブログのスターにして数千人のフォロワーを獲得している親もいる。「ル・モンド」記事より。https://www.lemonde.fr/pixels/article/2018/05/24/les-enfants-petites-stars-des-chaines-familiales-polemiques-sur-youtube_5303731_4408996.html

**【参考文献】**

S. Bright, *Auto Focus, L'autoportrait dans la photographie contemporaine*, Thames & Hudson, 2006
J. Saltz et D. Coupland, *Ego Update*, Verlag der Buchhandlung Walther Konig, 2015
B. Naivin, « "Je-suis-à-vous-là": Quand le mobile remplace l'appareil photo », *Mobilisations 02*, catalogue du collectif Mouvement Art Mobile, Québec, Mouvement Art Mobile édition, 2017

## 美しき性、そして醜さ

1. Aristote, *Physique*, 1, 9, 192 a, 25-27, trad. H. Carteron, Les Belles Lettres, 1926, p. 49.『アリストテレス全集3　自然学』、岩波書店（1993年）
2. Hésiode, *La Théogonie, Les travaux et les jours et autres poèmes*, trad. P. Brunet, commentaires de M.-C. Leclerc, Livre de Poche, 1999, p. 99.『神統記』、岩波書店（1993年）、『仕事と日』、岩波書店（1986年）
3. J.-P. Vernant, *L'Univers, les Dieux, les hommes, Récits grecs des origines*, Point-Seuil, 1999, p. 80
4. 袋、膜、胃、腹と同義語。
5. 同上。
6. P. L'Hermite-Leclercq, « L'Ordre féodal (XI^e^-XII^e^) », in *Les femmes au Moyen Âge*, sous dir. de C. Zuber, Plon, 1990, p. 237
7. D. Diderot, *Encyclopédie ou Dictionnaire raisonné des Sciences, des Arts et des métiers*, t. X., Neufchâtel, Samuel-Faulche, 1765, p. 113.『百科全書　序論および代表項目』、岩波書店（1971

and promote the beauty-goodness stereotype? », *Journal of Applied Social Psychology*, *40* (10), 2687-2709, 2010
6. K.L. Wuensch, W.A. Castellow et C.H. Moore, « Effects of defendant attractiveness and type of crime on juridic judgement », *Journal of Social Behavior and Personality*, *6*, 1-12, 1991
7. M.M. Clifford et E. Walster, « The effect of physical attractiveness on teacher expectations », *Sociology of education*, 248-258, 1973
8. M. Hosoda, E.F. Stone-Romero et G. Coats, « The effects of physical attractiveness on job-related outcomes: A meta-analysis of experimental studies », *Personnel psychology*, *56* (2), 431-462, 2003
9. T. de Saint Pol, « Le corps désirable » in *Hommes et femmes face a leurs poids*, PUF, 2010
10. D. Conley, R. Glauber, « Gender, body mass, and socioeconomic status: new evidence from the PSID », *Advances in health economics and health services research*, *17* (6), 253-275, 2006
11. J.R. Udry, B.K. Eckland, « Benefits of being attractive: Differential payoffs for men and women », *Psychological Reports*, *54* (1), 47-56, 1984
12. M. Erian, C. Lin, N. Patel, A. Neal et R.E. Geiselman, « Juror verdicts as a function of victim and defendant attractiveness in sexual assault cases », *American Journal of Forensic Psychology*, *16* (3), 25–40, 1998
13. R. Puhl, K.D. Brownell, « Bias, discrimination, and obesity », *Obesity research*, *9* (12), 788-805, 2001
14. M.R. Hebl, J. Xu, « Weighing the care: physicians' reactions to the size of a patient », *International journal of obesity*, *25* (8), 1246-1252, 2001

## 「規範と恋に落ちたりはしない！」

【参考文献】

https://www.sciencedaily.com/releases/2011/04/110404110812.htm

## きみの毛はステキだね

1. P. L. van den Berghe et P. Frost, « Skin color preference, sexual dimorphism and sexual selection: A case of gene culture co-evolution? », *Ethnic and Racial Studies*, 1986, 9: 1, pp. 87-113

【参考文献】

M.-F. Auzépy et J. Cornette (dir.), *Histoire du poil*, Belin, 2011
J. Da Silva, *Du velu au lisse. Histoire et esthétique de l'épilation intime*, Complexe, 2009
H. Eilberg-Schwartz et W. Doniger (dir.), *Off with her head. The denial of women's identity in myth, religion and culture*, California UP, 1995
C. Hallpike, « Social Hair », *Man*, 4, 1969, p. 256-264

# 原注

## 顔よ、ああ美しき顔よ

1. M.R. Cunningham *et al.*, « "Their ideas of beauty are, on the whole, the same as ours": Consistency and variability in the cross-cultural perception of female physical attractiveness », *Journal of Personality and Social Psychology*, vol. LXVIII, n° 2, février 1995
2. 2- M.R. Cunningham, « Measuring the physical in physical attractiveness: Quasi-experiments on the socio-biology of female facial beauty », *Journal of Personality and Social Psychology*, vol. L, n° 5, mai 1986
3. R. Thornhill et S.W. Gangestadt, « Human facial beauty: Averageness, symmetry, and parasite resistance », *Human Nature*, vol. IV, n° 3, 1993
4. J.H. Langlois et L.A. Roggman, « Attractive faces are only average », *Psychological Science*, vol. I, n° 2, mars 1990
5. D.I. Perrett, K.A. May et S. Yoshikawa, « Facial shape and judgements of female attractiveness », *Nature*, vol. CCCLVIII, n° 6468, 17 mars 1994
6. J.-Y. Baudouin et G. Tiberghien, « Symmetry, closeness to average, and size of features in the facial attractiveness of women », *Acta Psychologica*, vol. CXVII, n° 3, 2004
7. K.K. Dion, E. Berscheid et E. Walster, « What is beautiful is good », *Journal of Personality and Social Psychology*, vol. XXIV, n° 3, 1972; A.H. Eagly et al., « What is beautiful is good, but...: A meta-analytic review of research on the physical attractiveness stereotype », *Psychological Bulletin*, vol. CX, n° 1, juillet 1991
8. A. Farina *et al.*, « The role of physical attractiveness in the readjustment of discharged psychiatric patients », *Journal of Abnormal Psychology*, vol. XCV, n° 2, mai 1986
9. L.A. Zebrowitz et S. McDonald, « The impact of litigants' babyfacedness and attractiveness on adjudications in small claims courts », *Law and Human Behavior*, vol. XV, 1991
10. M.R. Cunningham *et al.*, 前掲論文
11. A. Todorov *et al.*, « Social attributions from faces: Determinants, consequences, accuracy, and functional significance », *Annual review of psychology*, vol. 66, janvier 2015

## 美とステレオタイプと差別

1. J. S. Pollard, « Attractiveness of composite faces: A comparative study », *International Journal of Comparative Psychology*, 8 (2), (77–83), 1995
2. D. I. Perrett, K.A. May et S. Yoshikawa, « Facial shape and judgements of female attractiveness », *Nature*, *368* (6468), 239-242, 1994
3. K. Dion, E. Berscheid et E. Walster, « What is beautiful is good », *Journal of Personality and Social Psychology*, 24 (3), 285–290, 1972
4. A.M. Griffin et J.H. Langlois, « Stereotype directionality and attractiveness stereotyping: Is beauty good or is ugly bad? », *Social cognition*, *24* (2), 187-206, 2006
5. D. Bazzini, L. Curtin, S. Joslin, S. Regan et D. Martz, « Do animated Disney characters portray

■編著者紹介

**ジャン＝フランソワ・マルミオン**（Jean-François Marmion）

心理学者。心理学専門誌『ル・セルクル・プシ（Le Cercle Psy）』編集長。編著に『「バカ」の研究』（亜紀書房）、『Histoire universelle de la connerie』などがある。

■訳者紹介

**金丸啓子**（かねまる・けいこ）

フランス語翻訳者。大阪外国語大学卒。訳書に『フランスのお裁縫箱』『ピエール・エルメ　サティーヌ』（以上、青幻舎）『０番目の患者――逆説の医学史』（柏書房、共訳）がある。

翻訳協力／株式会社リベル

※原著中、La beauté des monstres（Anne Carol）の章は、権利者承諾のもと割愛しています。

2021年５月３日 初版第１刷発行

フェニックスシリーズ⑫⓪

# ［フランス発《はつ》］美《び》の研究《けんきゅう》
## ――人は見た目で得をする

編著者　ジャン＝フランソワ・マルミオン
訳　者　金丸啓子
発行者　後藤康徳
発行所　パンローリング株式会社
〒160-0023　東京都新宿区西新宿7-9-18　6階
TEL 03-5386-7391　FAX 03-5386-7393
http://www.panrolling.com/
E-mail　info@panrolling.com
装　丁　パンローリング装丁室
印刷·製本　株式会社シナノ

ISBN978-4-7759-4249-9

# 関　連　書

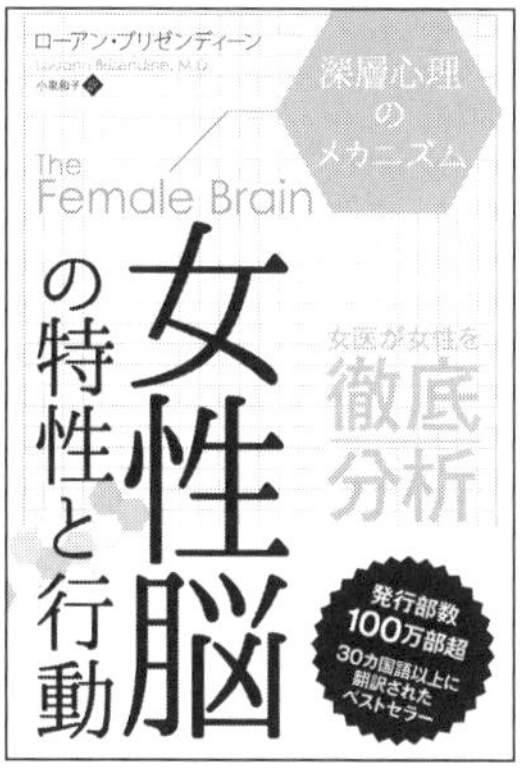


## 女性脳の特性と行動

### 深層心理のメカニズム

ローアン・ブリゼンディーン【著】

定価 本体1,600円+税　ISBN:9784775941904

**発行部数100万部超**
**30カ国語以上に翻訳されたベストセラー**
**女医が女性を徹底分析**

女性と男性の違いは、老若男女を問わず悩みの種でした。その問題を解決すべく神経精神科医ローアン・ブリゼンディーン博士は女性の脳機能を研究し本書を執筆しました。過去の多くの研究が男性のみに焦点を当てていたため、女性に特化した本書は大変な注目を集めています。本書では生物学的に身体の変化が女性の一生にどのような影響を及ぼしているのかを《幼児期・思春期・恋愛期・セックス・育児期・閉経期とその後》に区分し検証をしています。女性脳で何が起こっているのかを理解すれば、永遠の悩みと思われていた問題を解決することができます。

## 進化心理学から考えるホモサピエンス

### 一万年変化しない価値観

アラン・S・ミラー、サトシ・カナザワ【著】

定価 本体2,000円+税　ISBN:9784775942055

**男は繁殖、女はリソース、**
**すべては自分の遺伝子を後世につなぐため**

進化心理学は人間の本性を扱うサイエンスです。本書では、二人の進化心理学者が、最新の研究の成果を用いてヒトの心理メカニズムを紐解いていきます。わたしたちが生きていくうえで直面する出来事——配偶者選び、結婚、家族、犯罪、社会、宗教と紛争——を項目ごとにわかりやすく解説。日常のあらゆる領域にみられるひと筋縄ではいかないさまざまな問題、そしてこれまでタブー視されていた過激な問いかけも、進化心理学の視点を用いてクリアにしていきます。素朴な疑問から、非道徳的な事項、残酷な要素もあえて提示した本書は、これまでの常識をくつがえす真実をわかりやすく紹介していきます。

# 関　連　書

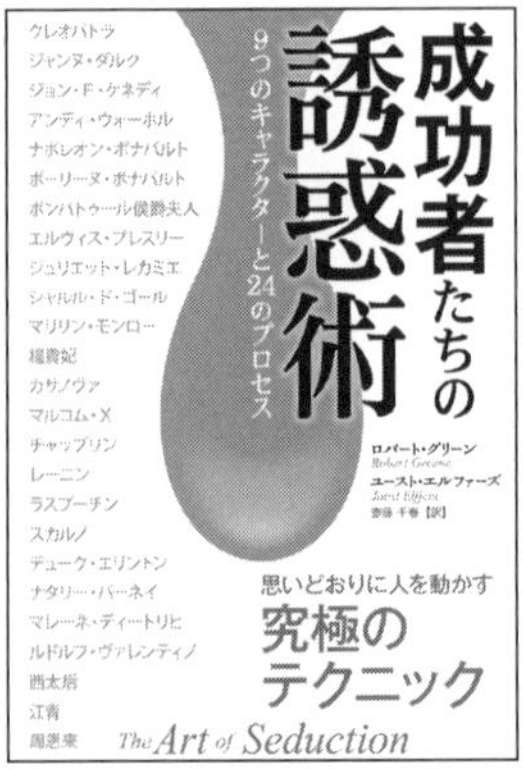


## 成功者たちの誘惑術

### 9つのキャラクターと24のプロセス

ロバート・グリーン、ユースト・エルファーズ【著】

定価 本体2,200円+税　ISBN:9784775941959

### 思いどおりに人を操る魔法のパワー“誘惑術”を極めよう

誘惑のパワーを手に入れるのに、性格を変える必要はないし、ルックスを変える必要もない。誘惑は心理的ゲームであり、誰でもこのゲームの達人になることができる。必要なのは世の中の見方を変える――誘惑者の目をとおして見る――ことだけである。本書は、歴史上最大の武器かつ究極のパワーである誘惑術を手にするために、必要不可欠な入門書である。本書で解説するアイデアや戦略は、歴史上もっとも成功を収めた誘惑者たちの回想録（カサノヴァ、エロール・フリン、ナタリー・バーネイ、マリリン・モンロー）や伝記（クレオパトラ、ジョセフィーヌ・ボナパルト、ジョン・F・ケネディ、デューク・ウェリントン）、さらには誘惑の手引書、文学作品等に基づいている。

## ウブントゥ

### 自分も人も幸せにする「アフリカ流14の知恵」

ムンギ・エンゴマニ【著】

定価 本体1,800円+税　ISBN:9784775942383

### ノーベル平和賞受賞　デズモンド・ツツ大主教、直伝！　アパルトヘイトを打ち砕いた共生のメッセージ

人と比べずに暮らしなさい。人と競わずに生きなさい。人とつながり、助けなさい。それでも自分らしく生きられる――それがアフリカの大地で育まれた「ウブントゥ」の知恵だ。本書はデズモンド・ツツ大主教の孫娘ムンギ・エンゴマニによる、多様性の時代に「違いを認めて尊重し合う」ための14のレッスン。祖父から受け継いだ大きな思いやりをもとに、人とつながる生き方をわかりやすく提案する。ストレスフルな毎日に、穏やかな余裕と自信をもたらす一冊。

※UBUNTU（ウブントゥ）＝普遍的な「絆」を意味するアフリカの哲学。コミュニティやつながりを大切にするアフリカ流の生き方を指す言葉。